中国科普作家协会国防科普委员会推荐图书

舰船科普丛书

国之重器

中国船舶及海洋工程设计研究院
上海市船舶与海洋工程学会
上海交通大学
主编

集装箱船

黄小燕　王　莉
编著

上海科学技术出版社

图书在版编目(CIP)数据

集装箱船 / 中国船舶及海洋工程设计研究院，上海市船舶与海洋工程学会，上海交通大学主编；黄小燕，王莉编著. —上海：上海科学技术出版社，2020.1

（国之重器：舰船科普丛书）

ISBN 978-7-5478-4535-6

Ⅰ.①集… Ⅱ.①中… ②上… ③上… ④黄… ⑤王… Ⅲ.①集装箱船-青少年读物 Ⅳ.①U674.13-49

中国版本图书馆CIP数据核字（2019）第246283号

国之重器 舰船科普丛书

集装箱船

中国船舶及海洋工程设计研究院
上海市船舶与海洋工程学会
上海交通大学
主编

黄小燕 王莉 **编著**

上海世纪出版（集团）有限公司
上海科学技术出版社
出版、发行
（上海钦州南路71号 邮政编码200235 www.sstp.cn）
上海盛通时代印刷有限公司印刷
开本 787×1092 1/16 印张 14.25 插页 2
字数 250千字
2020年1月第1版 2020年1月第1次印刷
ISBN 978-7-5478-4535-6 / N·180
定价：80.00元

内容提要

本书主要从集装箱船的历史渊源开始，讲述了集装箱的由来、集装箱船问世以及集装箱如何改变世界；介绍了集装箱船的发展历程、集装箱船的设计理念以及规模经济在集装箱船上的体现；讲解了集装箱船的建造工艺和20 000箱集装箱船的建造过程；展示了中国集装箱船从零起步，在设计、建造方面取得的巨大成就，以及港口码头建设的腾飞。

本书图文并茂，集知识性与趣味性于一体，力争为广大读者，尤其是青少年读者，揭开集装箱船的神秘面纱，分享集装箱运输给每个地球人带来的成果。

国之重器——舰船科普丛书

编委会

国之重器——舰船科普丛书

专家委员会

国之重器 —— 舰船科普丛书

编辑部

主　编

张　毅

编写人员（以姓氏笔画为序）

于再红　卫琛喻　王　庆　王　建　王　莉
王建方　韦　强　曲宁宁　任　毅　刘积骅
祁　斌　牟朝纲　牟蕾频　杨　添　李　成
李刚强　李招凤　吴贻欣　邱伟强　张宗科
张富明　林伍雄　范永鹏　尚亚杰　尚保国
罗杏春　单铁兵　赵吉庆　段雪琼　俞　赟
施　璟　洪　亮　姚　亮　贺慧琼　秦　硕
徐春阳　唐　尧　陶新华　黄小燕　曹大秋
曹才铁　曹永恒　梁东伟　韩　龙　虞民毅
魏跃峰

总序

海洋之美，浩瀚、静谧、神秘。人类生存的地球表面71%覆盖着海洋，陆地被海洋包围着，仿若不沉之“舟”。

中华人民共和国，既是一个拥有960万平方千米陆地疆域的陆地大国，也是一个东部和南部大陆海岸线约1.8万千米、内海和边海的水域面积约470万平方千米、海域分布有大小岛屿7 600多个的海洋大国。提高海洋资源开发能力、发展海洋经济、保护海洋生态环境、坚持维护国家海洋权益、建设海洋强国，事关国家安全和长远发展，也对实现中华民族伟大复兴的中国梦具有十分重要的战略意义。

工欲善其事，必先利其器。经略海洋，装备当先。只有拥有强大的海洋装备作支撑，才能形成强大的海上力量，才能保障安全可靠的海上能源和贸易通道，才能拥有海洋权益的话语权。能犁开万顷碧波的舰船，正是建设海洋强国的“国之重器”。

经过几代中国舰船人的努力，我们取得了骄人的成绩。第一艘航母已交接入列，第二艘航母又下水海试；新型弹道导弹核潜艇受到世界各国的关注；“滨州”号护卫舰、“昆仑山”号船坞登陆舰等在亚丁湾为过往船只保驾护航；“临沂”号护卫舰参与也门撤侨，彰显大国担当；“和平方舟”号医院船多次赴海外开展医疗服务和救灾援助；自主设计制造的20 000箱超大型集装箱船助力中欧航线的运输；“天鲲”号绞吸挖泥船向世界展示什么叫作历练终成金；“雪龙2”号科考船即将承载起极地探索的使命……

这一个个令人振奋的消息背后，是“国之重器”建设大军只争朝夕、锐意进取、拼搏奋斗、攻坚克难的身影。“功以才成，业由才广”，世上一切事物中人是最宝贵的，一切创新成果都是人做出来的。硬实力、软实力，归根到底要靠人才实力。科技发展史证明：谁拥有了一流创新人才、拥有了一流科学家，谁就能在科技创新中占据优势。

在中国建设海洋强国的道路上，“国之重器”建设大军的每一个岗位都必须后继有人，有人传承，有人接班！

少年强则中国强。为增强青少年的海洋和国防意识，普及舰船和海洋工程科学知识，我们编撰了一部以青少年为主要对象、面向公众的科普读物“国之重器——舰船科普丛书”（简称“丛书”）。丛书以舰船为主线，全面展现新中国成立近70年以来，自主研制国之重器的艰难历程及取得的辉煌成就，使广大青少年从中汲取知识、增长才干、坚定信念、强化担当。

这套丛书共20分册，涵盖海洋防卫、海洋运输、海洋科考、海洋开发等方面，包括：海上霸主——航空母舰、深海巨鲨——潜艇、海上科学城——航天测量船、探究海洋奥秘的科学考察船、造船工业皇冠上的明珠——液化气运输船、海上巨无霸——集装箱船、超大型油船、造岛神器——大型挖泥船、海上石油城——钻井平台等。

丛书由从事舰船和海洋工程科研、设计、建造的100余位专家、技术骨干和青年科技工作者执笔，并经30余位专家审阅，历时2年编写而成。

当代青少年和公众涉猎面广，超前意识和多维立体思维能力强，具有令人刮目相看的理解能力。丛书撰写者充分考虑到青少年和公众读者的阅读要求，量身定制、兼收并蓄，将舰船知识图谱化，采用重点讲解、型号示例等方法，使专业知识通俗易懂，增强了丛书的可读性。

博览众采，传承知识。丛书通过科学的体例设置，涵盖军用舰船、民用船舶和海工装备的相关知识，体系庞大而有序，知识通俗而有内涵，突出展现了丛书内容的鲜明特色，使广大青少年读者一书在手，舰船在胸。

—— 图谱化的舰船知识。丛书坚持知识性与趣味性相结合，以图文并茂的形式对一些典型舰船进行集中讲解，以便让读者掌握舰船的特点。

—— 通俗化的专业知识。丛书坚持专业性与通俗性的有机结合，用朴实的篇章构建舰船知识链，用易懂的语言精准描述舰船的工作原理、性能特点。

—— 人文化的历史知识。丛书追溯舰船诞生的起点，展望舰船发展的未来，彰显舰船历史的人文特色，描绘出一幅幅人类设计建造舰船、塑造海洋文明的生动画卷。

拓展视野，启迪心智。丛书以舰船为载体，为广大青少年读者打开了世界舰船知识之门、中国舰船科技之窗，让读者驾驶生命之船，扬起思想风帆。

—— 认清大势，强化理念。丛书以舰船为媒，引导读者正确认识世界和中国。半个多世纪风雨兼程，中国船舶装备在变，舰船航迹在变，唯有“国之重器”建设者们“忠于党、忠于人民、忠于国家”的初心不改，信仰不变，继续弘扬突破自我、敢为人先的工匠精神，锲而不舍，发愤图强，国家利益所至，科技创新必达！

—— 明确主题，播种梦想。丛书以中国舰船制造励精图治、自力更生、发奋图强、勇创辉煌的历史红线，为每个青少年播种梦想、点燃梦想，让更多青少年敢于有梦、勇于追梦、勤于圆梦。

激扬青春，陶冶情操。理想指引人生方向，信念决定事业成败。丛书倾诉舰船昨天之历史故事，弹奏舰船今天之恢弘篇章，高歌舰船明日之瑰丽远景。

—— 弘扬爱国主义精神。丛书立足民族、面向世界，旨在激发广大读者的爱国情怀；以科学的视角，生动介绍了新中国成立以来我国舰船及海洋工程研制所取得的成就，讲述一代又一代科技人员怀着深厚的爱国情怀，为中国舰船事业发展所作的贡献。

—— 倡导奋进创新思想。丛书用世界舰船的历史史实启发读者认知：创新是民族进步的灵魂，是一个国家兴旺发达的不竭源泉。广大青少年读者应敢为人先，勇于解放思想、与时俱进，敢于上下求索、开拓进取，树立雄心壮志，努力超越前人。

—— 激励艰苦奋斗精神。丛书用中国舰船的历史史实引领读者感悟，我们的国家、我们的民族，从积贫积弱一步一步走到今天的繁荣富强，靠的就是一代又一代人的顽强拼搏，靠的就是中华民族自强不息的奋斗精神。

2016年5月30日，习近平总书记在全国科技创新大会、两院院士大会、中国科协第九次全国代表大会上的讲话指出：科技创新、科学普及是实现创新发展的两翼，要把科学普及放在与科技创新同等重要的位置。希望广大科技工作者以提高全民科学素质为己任，在全社会推动形成讲科学、爱科学、学科学、用科学的良好氛围，使蕴藏在亿万人民中间的创新智慧充分释放、创新力量充分涌流。“国之重器——舰船科普丛书”正是习近平新时代中国特色社会主义思想的生动实践。

愿：“国之重器——舰船科普丛书”构建一座智慧的熔炉，锻造中国青少年威武铁甲！

愿：“国之重器——舰船科普丛书”筑起一个知识的平台，助力中国青少年纵横海疆！

愿：“国之重器——舰船科普丛书”插上一双理想的翅膀，引领中国青少年翱翔海天！

曾恒一　潘镜芙

中国工程院院士

2018年8月

前言

海上集装箱运输是从20世纪50年代逐渐发展起来的，它是件杂货运输的一项重大改革。1956年4月26日，世界第一艘集装箱船——美国泛大西洋轮船公司的“理想”号启运，从此改变了传统的货物运输方式，将集装箱运输从陆上推向海上，由此国际集装箱运输也得到了飞速发展。集装箱运输具有“快速、安全、价廉、货损少”的优点，并可通过综合利用公路、铁路、水运、民航等多式联运方式，从而实现“门到门”的运输服务。集装箱船装载量大，能源消耗和劳务投入少，且装卸效益高，单位运输成本大幅降低。20世纪80年代，世界各主要国际航线均实现了件杂货集装箱化运输，并形成了一个集装箱国际运输网络。

随着集装箱运输的不断发展，集装箱船的升级换代呈加速趋势。从第一代集装箱船问世以来，至今集装箱船已进入20 000箱+时代，海上集装箱运输已发展成为一个全球规模、高自动化和标准化的行业。中国的集装箱船研制起步较晚，但发展却很快。小型、中型、大型、超大型集装箱船型都由专业人员进行研究设计，形成了系列化船型，在不同阶段顺应了市场需求，并得到了市场的认可。

20世纪80年代初期，我国成功研制了第一艘300箱全集装箱船以及第一艘出口新加坡的700箱全集装箱船，此后研发了800箱、900箱、1 600箱、2 500箱、4 200箱、4 700箱、5 000箱、9 400箱、10 000箱、16 000箱、18 000箱、20 000箱、21 000箱和前不久刚下水的23 000箱等多种型号的集装箱船，突破了包括超大型集装箱船型在内的多项技术难题，并形成了一系列绿色环保船型。每一代“巨无霸”新船的诞生，都意味着造船技术的创新和进步，而每一次的技术创新和进步都是科技人员不懈努力的结果，标志着中国造船业已跨入世界超大型集装箱船型研发、设计和建造的第一方阵，为中国船舶工业全面贯彻落实国家“一带一路”倡议及推进“中国制造2025”打下了扎实的基础。

本书图文并茂，集知识性与趣味性于一体，力争为广大读者，尤其是青少年读者，揭开集装箱船的神秘面纱，分享集装箱运输给每个地球人带来的成果。

编　者

2019年8月

目录

第3章 走进科技巨兽——集装箱船的构造 / 81

第4章 中国集装箱船的发展 / 143

第5章

第6章

CMA CGM MARCO POLO

第 1 章

集装箱

——用标准化“打包”全世界

集装箱的诞生

早期海上货运历史

海上货运已有近千年的历史。在古代，船运送货物是一项非常复杂、艰辛的工程，且不说货物从生产场地运到码头，即使到了码头，还要数以万计的码头工人，把货物先装进麻袋、木箱内，然后将一袋袋、一箱箱的货物肩挑背扛地搬入船舱。如一艘5 000吨级的货船，装卸一次要5～7天。

18世纪第一次工业革命后，为了提高货物的装卸效率，人们开始在码头上和船上安装小型起重机，码头工人只需把各种箱子和木桶搬到木头做的货盘或吊货板上，凑成一“吊”货物。这些凑成“吊”的货物都是用绳子捆起来或用网罩住的，货盘装载的是摞起来的纸板箱或袋子。

当起货机把货物吊进货舱，在昏暗的货舱里，装卸工卸下货物后又要用四轮推车或叉车，或者凭一身蛮力将货物堆放到适当的位置上。每一件货物都要堆得牢固而紧密，不能因船在海中颠簸而发生移动或破损，同时又要保证船到港时货物容易卸下。

> 图1 码头工在湿滑的跳板上搬运货物

> 图2 码头工人在码头搬运货物

> 图3 码头工人抬上一箱箱货物进出船舱

> 图4 码头起重机起吊货物

> 图5 凑成一“吊”货物

这种装卸过程很容易受雨雪等天气的影响，装卸时间又较长，运输成本很高。

集装箱的发明

为了改变落后的海上货运状况，1801年，英国的安德森提出了集装箱运输的设想。

1814年，英国人乔治·斯蒂芬森为奇林沃兹煤矿制成第一台“皮靴”号蒸汽机车，这种敞口车厢以方木做框架，木条做围板，顶上无盖，样式与当时的马车拖车相似，可牵引8节敞口运煤车厢，载重量30吨，速度6.4千米/时。

1845年，英国出现了全封闭货运车厢，箱体采用铁木结构，酷似现在的集装箱。

> 图6 “皮靴”号蒸汽机车

> 图7 全封闭式侧开门货运列车车厢

> 图8 英国铁路的早期货运车厢

19世纪下半叶，英国兰开夏郡使用一种带有活动框架的铁路托盘，用来运输棉纱和棉布，俗称“兰开夏托盘”，它可以看作最早使用的雏形集装箱。

20世纪初期，英国铁路公司开始尝试把家具装在木制箱子里，用铁路平板车运

> 图9 集装箱连同拖挂车一起运输

输，到站后用起重机把箱子吊到马车上，再将货物运至目的地。这种简陋的“集装箱”很快在整个欧洲流行，随后美国、加拿大和日本等国家相继试行。美国纽约中央铁路公司和宾夕法尼亚铁路公司引入9英尺长的钢制集装箱，每节火车车厢可装6只载重量为5吨的集装箱。

第二次世界大战（简称“二战”）期间，美军的两栖登陆舰装载卡车执行滩头登陆任务时，也是用小型钢制集装箱来运送士兵的私人物品。

自有了集装箱，铁路货运效率大为提高，成本则大幅下降。根据当时铁路公司的统计，转运散件货物的成本是85美分/吨，转运一个5吨集装箱的成本仅为4美分，成本优势使这种新型运输方式很快得到了推广。

与此同时，为了减少货物偷盗损失，美国和加拿大的几家近海轮船公司也开始尝试船舶运送厢式卡车。同时，陆上运输也采用厢式卡车，运输费用直线下降，大大减少了装载时间和转运成本。

集装箱的标准化

集装箱，英文名container，是海、陆、空不同运输方式进行联运时用于装运货物的一种标准化运输设备。集装箱具有足够的强度和刚度，可容纳包装多种多样、大小不一的货物，是一种便于运输和装卸的小型货舱。作为一种现代化运输工具，集装箱实现从一地的门（door）、货运站（container freight station, CFS）或堆场（container yard, CY）到另一地的门、货运站或堆场的快速运输，为实现货物运输、装卸机械化和自动化创造了条件。

集装箱最大的成功就在于“标准化理念”以及由此建立的一整套运输体系，从而节约了成本、提升了运行效率。

> 图10 集装箱船码头

最早，每个国家都有自己的集装箱规格和外形，虽然后来统一了公路和铁路的集装箱外形和规格，但各个国家的集装箱差别还很大。自从有了海上集装箱运输，集装箱将公路、铁路和海运紧紧联系在一起成为多式联运。如果有一种统一的标准，那么每个港口只需要一种规格的机械设备就能满足所有的需求。

为此，1960年美国制定了第一个集装箱标准。1961年6月，国际标准化组织集装箱技术委员会成立，并着手制定国际集装箱标准。1964年出台了第一个《国际集装箱外部尺寸和额定重量》的标准，此标准对国际集装箱的标准化具有重大意义，

小贴士

国际标准化组织

国际标准化组织（International Organization for Standardization, ISO）是一个全球性的非政府组织，是国际标准化领域中一个十分重要的组织，总部设于瑞士日内瓦。ISO来源于希腊语“ISOS”，即“EQUAL”——平等之意。ISO成立于1946年，中国是ISO的正式成员，代表中国参加ISO的国家机构是中国国家技术监督局。

为推动全球集装箱运输起到了决定性的作用。

集装箱标准除了国际标准，还有各个国家参照国际标准并视本国具体情况而制定的国家标准，以及由各地区组织根据该地区的特殊情况制定的地区标准，此类集装箱仅适用于该地区。

自集装箱实现标准化后，以此为基础的船舶、港口、公路、铁路等相配套的物流系统也逐步在全球范围内实现了标准化，集装箱终于有了大规模应用的基础。此前麦克莱恩曾测算的集装箱航运成本将比传统航运能够降低94%的预言也终于在全球范围内得以实现。

1966年，美国海陆服务公司的集装箱船从纽约港驶往欧洲，开始了海上国际集装箱的运输。从此，集装箱加速了全球范围内的贸易发展，乃至全球经济运行的效率，大大推进了全球一体化进程，最终改变全人类的生活。

集装箱尺寸

国际上将20英尺集装箱称为标准集装箱，简称标准箱或标箱，常用TEU表示，TEU系twenty foot equivalent unit的缩写。我们通常见的20英尺、40英尺集装箱被称为干货集装箱（dry cargo container），也叫杂货集装箱，还有称其为货柜。这种集装箱使用范围很广，无温度控制。

20英尺集装箱的内容积为5.69米×2.13米×2.18米，一般配装重货，但配货毛重不得超过17.5吨，容纳货物体积约为24～26立方米。

40英尺集装箱的内容积为11.8米×2.13米×2.18米，配货毛重不超过22吨，能容纳货物体积约为54立方米。

40英尺高柜的内容积为11.8米×2.13米×2.72米，一般配装轻泡货，配货毛重不超

小贴士

集装箱货运术语

集装箱堆场（container yard, CY）：办理集装箱（重箱或空箱）装卸、转运、保管、交接的场所。

在集装箱运输中，整箱货和拼箱货在船货双方之间的交接方式有以下几种：

门到门：集装箱托运人将在其货仓或厂库里的集装箱交承运人验收后并负责全程运输，直接送到收货人的货仓或工厂仓库交箱；

门到场：由发货人货仓或工厂仓库至目的地或卸箱港的集装箱装卸区堆场；

门到站：由发货人货仓或工厂仓库至目的地或卸箱港的集装箱货运站；

场到门：由起运地或装箱港的集装箱装卸区堆场至收货人的货仓或工厂仓库；

场到场：由起运地或装箱港的集装箱装卸区堆场至目的地或卸箱港的集装箱装卸区堆场；

场到站：由起运地或装箱港的集装箱装卸区堆场至目的地或卸箱港的集装箱货运站。

> 图11　20英尺集装箱

> 图12　40英尺集装箱

过22吨，能容纳货物体积约为68立方米。

45英尺高柜的内容积为13.58米×2.34米×2.71米，配货毛重一般为29吨，能容纳货物体积为86立方米。

其他规格和种类的集装箱都称为特种集装箱，如有需求，一般在订舱时向船运公司预定。

目前世界还有不少非标准集装箱，如按欧洲国际铁路联盟（VIC）标准建造的集装箱。

还有某些大型集装箱船公司，按本公司标准建造的集装箱，主要在公司运输范围内使用。如美国海陆公司非标准长度的35英尺集装箱、总统轮船公司的45英尺集装箱等。

> 图13　船舶、港口、公路、铁路集装箱实现国际标准化

集装箱标记

集装箱在跨境物流过程中是关键的运输载体，为此国际标准化组织颁布了《集装箱的代号、识别和标记》（ISO 6346—1995），便于集装箱在国际运输中的识别、管理和交接。集装箱标记一般分为必备标记和自选标记两类。每一类标记中又分识别标记和作业标记。也就是说，每个集装箱上要有箱主代号、设备识别代号、箱号或顺序号、校验码；集装箱尺寸及箱型代码。另外还有通行标记。

必备标记

识别标记有：

① 箱主代号，是由集装箱所有人向国际集装箱局登记注册的三个大写的拉丁文字母来表示，比如马士基集团的自有箱箱主代号之一是“MSK”；

② 设备识别代号，是紧接着箱主代号的第四位字母，用于表示集装箱的类型，如“U”表示常规集装箱，“J”表示带有可拆卸的集装箱，“Z”表示集装箱的拖车和底盘车；

③ 顺序号，又称“箱号”或“箱体注册码”，由6位阿拉伯字母组成。如有效数字不足6位时，则在有效数字前加“0”以有别于同一箱主的集装箱，如“053842”；

④ 核对数字，又称“校验码”，是用来验证箱主代号和顺序号记录是否准确的依据，由计算机处理所得。它位于顺序号后，以一位阿拉伯数字加一方框表示。

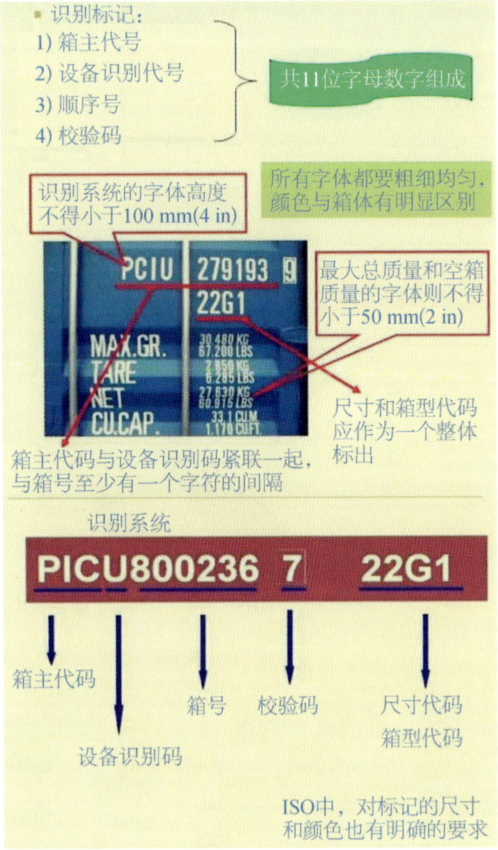

> 图14 必备标记

作业标记有：

① 额定重量和自定重量标记，额定重量即集装箱总重，自定重量即集装箱空箱质量（或空箱重量），应以千克（kg）和磅（lb）同时表示；

② 空陆水联运集装箱标记，该类集装箱的强度仅能堆码两层。因此ISO对该类集装箱制定了特殊标记，该标记为黑色，位于侧壁和端壁的左上角，标记的最小尺寸为：高127毫米，长355毫米，字母标

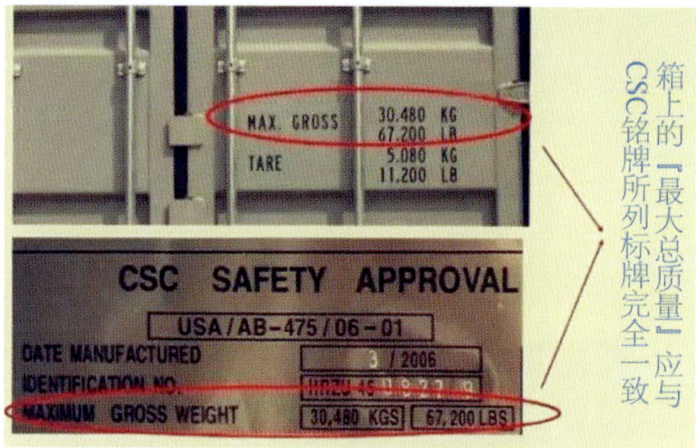

> 图15 额定重量和自定重量标记
单位是千克（kg）和磅（lb），1 lb≈0.453 6 kg

> 图16 空陆水联运集装箱标记

记的字体高度至少为76毫米；

③ 登箱顶触电警告标记，该标记为黄色底黑色三角形，常标设在罐式集装箱和位于登箱顶扶梯处，以警告登梯者有触电危险。

自选标记

识别标记包括：国家和地区代号，如中国用CN，美国用US；尺寸和类型代号（箱型代码）。

> 图17 登箱顶触电警告标记

作业标记包括：

① 超高标记，凡高度超过2.6米的集装箱都应贴上超高标记，该标记为黄色底上标黑色数字和边框，贴在集装箱每侧的左下角，主要标记的下方，距箱底约0.6 m处；

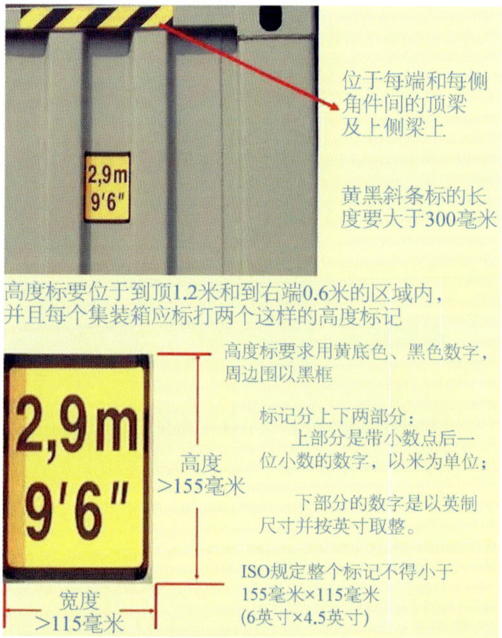

> 图18 超高标记

② 国际铁路联盟标记，“ic”表示国际铁路联盟，下部的数字表示各铁路公司的

> 图19 国际铁路联盟标记

代码。该标记是在欧洲铁路上运输集装箱的必要通行标记。凡符合《国际铁路联盟条例》规定的集装箱都可以获得此标记；

③ 总重超过30.48吨的集装箱都要贴上超重标记。

> 图20　三角形超重标记

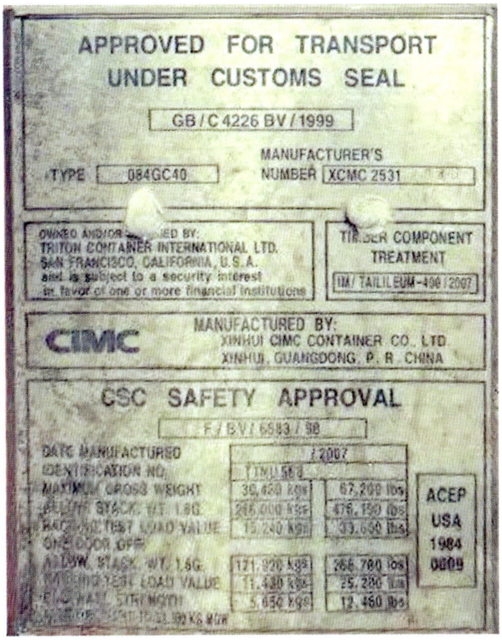

> 图21　安全合格牌照

通行标记

集装箱在运输过程中必须贴有规定的各种通行标记，方能顺利通过或进入边境。集装箱上主要的通行标记有：安全合格牌照、集装箱批准牌照、防虫处理板、检验合格徽及国际铁路联盟标记等。

集装箱家族

集装箱作为现代货运的当家花旦，根据各种货物运输的不同要求，集装箱的种类也是多种多样，集装箱家族真可谓“人丁兴旺”。通常，集装箱可按以下三种方式进行分类。

按制造材料分类

集装箱在运输途中常常受到各种力的作用和环境影响，因此集装箱的制造材料要有足够的刚度和强度。目前集装箱由铝合金、钢、玻璃钢等材料制成。

铝合金集装箱的优点是重量轻、外表美观、防腐强、弹性好、加工方便、使用年限长；缺点是造价高、焊接性差。

> 图22 铝合金集装箱

钢制集装箱的优点是强度高、结构牢、水密性好、价格低廉；缺点是重量重、防腐性差。

> 图23 钢制集装箱

玻璃钢制集装箱的优点是刚性好、强度大、容积大、隔热、防腐、易清扫、修理方便；缺点是重量重、易老化。

> 图24 玻璃钢制集装箱

按安装形式分类

集装箱的形式也有多种：内柱式与外柱式、折叠式、薄壳式等。

内柱式集装箱的侧柱（或端柱）安装在侧壁或端壁之内；外柱式集装箱的侧柱（或端柱）安装在侧壁或端壁之外。

折叠式集装箱的主要部件（侧壁、端

> 图25 折叠式集装箱

壁、箱顶等）都能方便地折叠或分拆，再次使用时可按需要重新组合。

薄壳式集装箱重量轻，可把所有部件组成一个钢体，在承载一定的扭力时，也不会发生变形。

按运输功能分类

干货集装箱

这是一种通用的集装箱，其结构特点常为封闭式，一般在一端或侧面设有箱门，常用的有20英尺和40英尺两种规格。这种集装箱使用范围非常广，除液体货、需要温控的货物及特种货物外，一般杂货都可装载。

> 图26 干货集装箱

开顶集装箱

开顶集装箱用于装载如钢铁、木材、机械和玻璃板等易碎的重货，其箱顶分为硬顶和软顶两种，可以方便地装上和取下。硬顶用薄钢板制成，利用起重机械进行装卸作业。软顶一般用帆布、塑料布或涂塑布制成，开顶时只要卷起软顶就可以了。用吊机从顶部将货物吊入箱内，不易损坏货物。

> 图27 开顶集装箱

台架式及平台式集装箱

台架式集装箱是没有箱顶和侧壁的，有的连端壁也没有，只有底板和四个角柱。

台架式集装箱可分为：敞侧台架式、全骨架台架式。适合装载形状不一的货物，不能装运怕湿的货物。其箱底的强度比普通集装箱大，箱底较厚，而内部高度则比一般集装箱低；在下侧梁和角柱上设有系环，可系固货物。

平台式集装箱是仅有底板而无上部结

> 图28 台架式集装箱

构的一种集装箱，适于装载长重大件货物，装卸作业方便。

通风集装箱

通风集装箱在侧壁或端壁上设有通风孔，适于装载不需冷冻而需通风的货物，如水果、蔬菜等。如将通风孔关闭，可作为杂货集装箱使用。

冷藏集装箱

冷藏集装箱是能保持一定温度的集装箱，可装载冷冻或低温货物。冷藏集装箱有两种：一种是自身带有制冷机组的；另一种为离合式冷藏集装箱，此种集装箱上设有进、出气孔，由船上的冷冻装置提供冷气。

散货集装箱

散货集装箱可装载粉状或粒状货物，

> 图29 平台式集装箱

> 图30 通风集装箱

> 图31 冷藏集装箱

如大豆、大米、各种饲料等。为便于装卸，在箱顶设有2～3个装货口，箱门的下部设有卸货口，不仅提高了装卸效率，还可减轻粉尘对人体和环境的侵害。

动物集装箱

动物集装箱是专供装运牲畜的集装

> 图32 散货集装箱

箱，一般都放在甲板上。为便于清扫和照料，侧壁下方设有清扫口和排水口，并设有喂食装置。箱顶和侧壁采用玻璃纤维加强塑料，箱壁采用金属丝网。

> 图33 动物集装箱

罐式集装箱

罐式集装箱由罐体和箱体框架两部分组成，是专门装运如酒类、油类及液状化工品等液体货物。液体货由罐顶进货孔装入，由排货孔排出或从进货孔吸出。

> 图34 罐式集装箱

汽车集装箱

汽车集装箱一般设计为上、下两层，可装载多辆小汽车。该类集装箱没有侧壁，仅有框架和箱底。箱底设有专业绑扎设备和防滑钢板，以防止汽车在箱内移动。

> 图35 汽车集装箱

挂衣集装箱

挂衣集装箱又称服装集装箱，专为运输一些易皱、不宜折叠的高档服装，如无须包装的西装、衬衫等。箱内装有许多根横杆，每根横杆上垂下若干条皮带扣、尼龙带扣或绳索，可将成衣衣架直接挂在带扣或绳索上。

> 图36 挂衣集装箱

集装箱货物的固定

固定工具

为防止运输过程中货物在集装箱内发生移动而造成破损，集装箱根据货物不同，可以使用尼龙绳、钢丝绳、铁丝、麻绳等栓固。一般的加固可直接用柔性打包带或在集装箱门口挂网或用铁丝、木板挡住就行了。针对不同的方案，可使用不同的打包产品，如纤维柔性打包带、捆绑带、充气袋等。汽车的固定，要在轮胎旁边安有固定木块，此外还可将集装箱内圆环与车体固定在一起。

> 图37　柔性打包带固定货物

> 图38　货物固定网

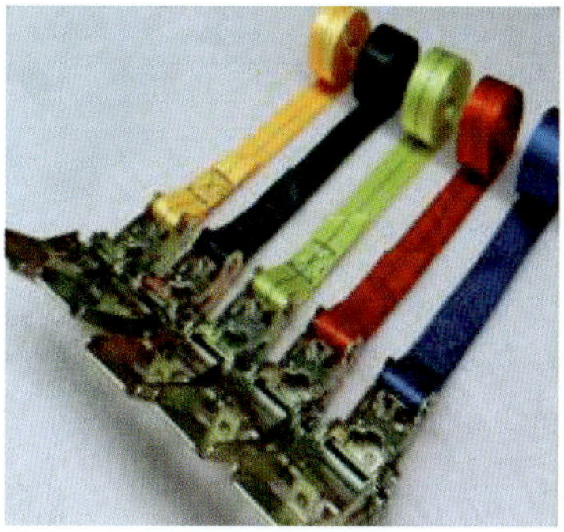

> 图39　货物捆绑带

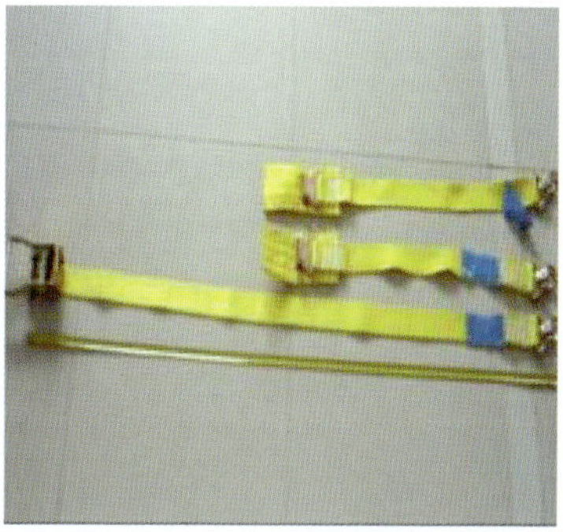

> 图40　货物捆绑器

> 图41 集装箱内充气袋

> 图42 箱内货物固定

走不丢的箱子

集装箱运输涉及面广、环节多，是一个复杂的运输系统工程。由于集装箱是移动于大海和陆地之间，远洋船舶又航行于世界各地，随时都会发生重大变故。怎样准确判断船舶和集装箱的准确位置，并与船运公司保持高效的联系，这就需要依靠全球卫星定位系统（GPS）。

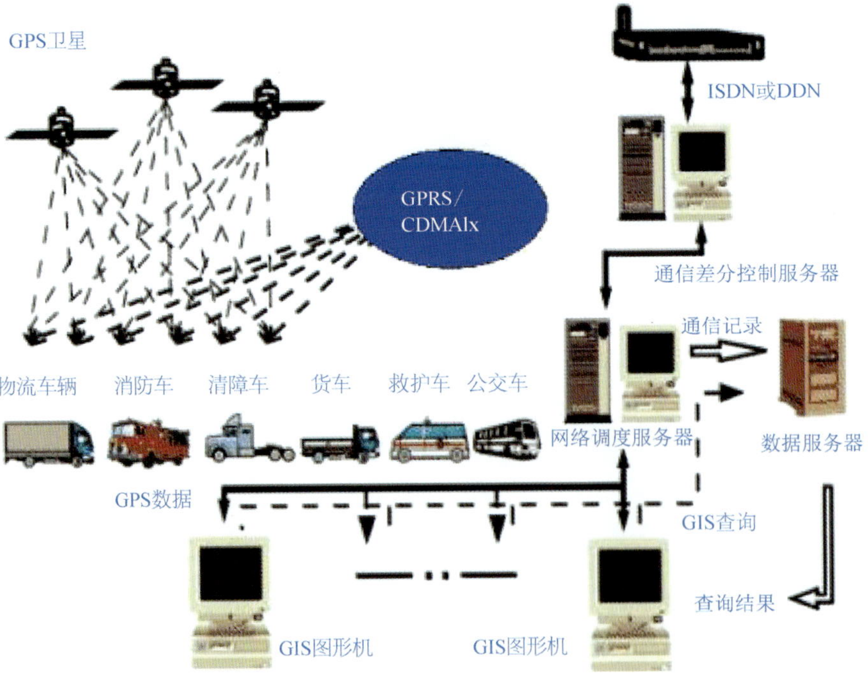

> 图43 安全智运物流监控系统

GPS是国际上一种先进的交通工具定位系统，目前已被广泛应用于远洋运输船舶、长途运输的汽车上。它的定位、反馈和沟通功能很强，能保持交通工具与控制中心及时、快速的联系。配合安全智运物流监控系统，可以监控物流运输车辆的在途实时位置；通过集装箱GPS电子锁可远程监控集装箱的实时状态，确定每个集装箱的位置。因此，人们形象地将GPS称为集装箱上的“千里眼”。

每一个GPS电子锁都具有全球唯一的ID号，就像每个人的身份证一样，防伪性能好；同时可以准确识别、精确定位，有效防范使用中的各种造假行为和误读、误判。锁体内含光感检测，当锁体被非授权拆开时，锁体内的光感应器感应到有外界光感，会触发光感检测功能并启动报警功能，把被拆的信息反馈至平台。

锁具采用先进的上锁检测技术，电子锁施/解封使用IC卡与手持掌上电脑（PDA）共同管理（电脑、手机都可以操作施/解封），保证安全、灵活管控。锁具施封后，需解封才能被开启，有效防止管理漏洞。同时，锁具施/解封信息都会反馈给电脑、手机，并在平台上实时显示，确保集装箱货物安全。

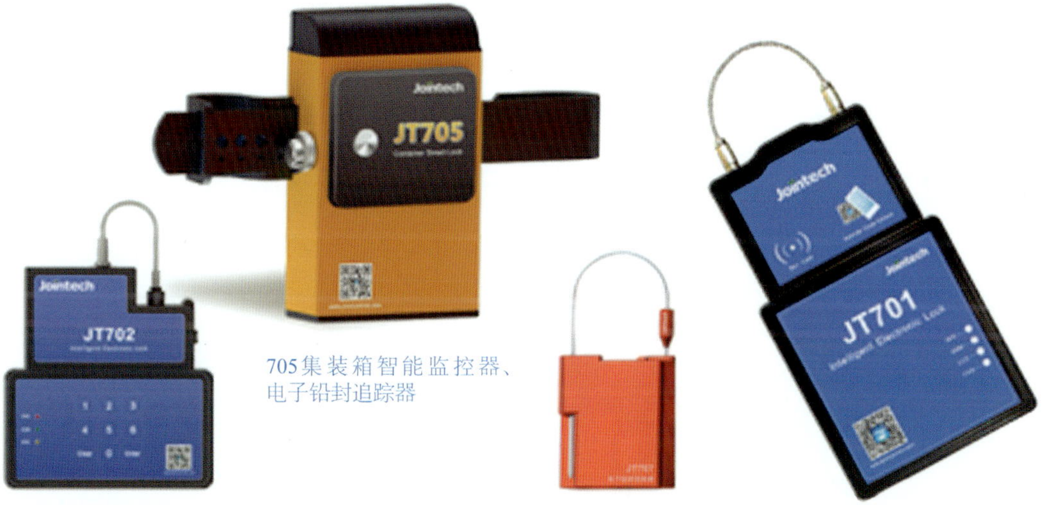

705集装箱智能监控器、电子铅封追踪器

702物流电子锁

701智能电子锁

> 图44 各类GPS电子锁

开创新世界

集装箱运输的优势

半个多世纪前，因为货物运输非常麻烦，易损易坏，且费用非常昂贵，世界各地很难看到法国的时装，美国商场里也见不着中国生产的商品，日本的家庭喝不上产自法国的葡萄酒。如今，澳大利亚的牛肉、新西兰的猕猴桃以及厄瓜多尔的香蕉等美食已摆上了中国人的餐桌，中国超市摆满了来自世界各国的商品，中国的百货挤满了美国、日本等国家超市的货架，法国时装遍地开花。

成就这一切都得归功于一只普普通通的箱子——集装箱。就是这么一个箱子颠覆了传统的运输模式，使货运变得如此便宜和迅捷。

集装箱的出现，加速了全球范围内的产业结构调整，促进了世界贸易，最终改变了全人类的生活。

图45　集装箱

集装箱改变社会

时至今日，集装箱早已不是一只简单的“铁盒子”，冷藏集装箱让全球范围内的肉、蔬菜、花卉贸易成为可能；罐式集装箱帮助各类化工液体、食品原料加速全球运转，正在取代液体化学品运输船；框架箱的诞生让大型商用车的海外运输告别了滚装船，大大减少了运输成本和交付时间。

> 图46　集装箱运输

作为现代物流的发展理念，以铁路、公路和水路的集装箱多式联运已由一个国家内不同运输方式之间的运行发展成几个国家联运。集装箱多式联运的革命性突破将传统海运“港口到港口”的运输发展成为从工厂大门到客户仓库大门的“门到门”运输。

以国际多式联运的运输为例，当装载的集装箱通过远洋运输船抵达中国港口后，对仅需短途运输的货物可通过ISO集装箱运输车直接运至物流中心，再分别运至各地。对于长途运输的货物，可通过价格低廉的铁路和内河长途运输后，再用集装箱挂车送至物流中心，转发至目的地。集装箱化以及多式联运有效促进了各个运输环节和各种运输工具之间的密切配合。

通过集装箱化，摒弃了传统的装、拆木箱环节，改变了普通散件杂货运输长期以来存在装卸及运输效率低、时间长，货损、货差严重和货运手续繁杂的情况。与传统的货船相比，集装箱取代逐件处理，装卸时间只是货船的六分之一，所需劳动力是货船的三分之一，装卸费用、保险费用和码头费用等装卸成本大大降低，运输效率又有了较大提高，同时也大幅节省了运输费用。

集装箱改善人们生活

几十年前，我们无法想象集装箱给这个世界带来的变化。今天，在一些沿海城市新建的集装箱港口，新型的工业园区如雨后春笋般地兴起；基于低廉的运输成本，有些中小城市利用其廉价的土地和低

> 图47 集装箱多式联运

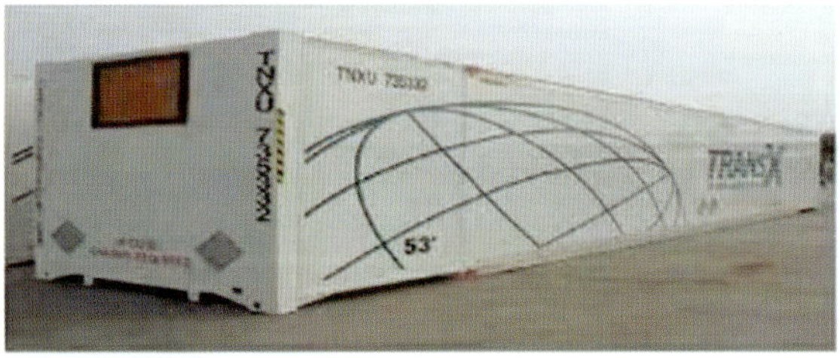

53英尺内陆集装箱

53英尺厢式半挂车

汽车列车

半挂车吊具

> 图48 美国多式联运模式

图49 机械装卸货物

廉的工资来赢得订单，并在不同国家设厂把生产和运输联成一个网络。世界各地的商品在世界范围内的海运大为方便，促使商品价格下降。现在好多产品的生产线已在不同国家之间运行，甚至在全球远隔重洋的各地域之间完成加工工序也已成常事。集装箱物流不仅大大降低了运输成本，还改善了人们的生活。由此，消费者可以享受到无限多的商品选择，大大提升了生活水平，最终改变了全人类的生活。

一直以来厄瓜多尔产的香蕉以香甜糯而闻名，深受全球消费者欢迎。中远海运集运在集装箱运输中首次应用区块链技术，帮助“端到端”的供应链流程实现数字化，完整而真实地记录了货物从启运港到目的港交货的整个运输过程中的一举一动，提供的信息与京东区块链溯源平台有效对接共享，消费者只要一扫带有溯源编码的二维码，便可知道货物的出口地与包装袋上的产地信息是否一致。

时至今日，集装箱运输已经日臻成熟，已发展成为一个全球规模、高自动化和标准化的行业。今天，当行驶在高速公路上的集装箱卡车和行驶在铁轨上的火车载着成堆的集装箱轰鸣着穿越黑夜时，我们很难想象如果没有集装箱，现代人的生活将是怎样。集装箱已在改变世界，势不可挡。

图50 区块链物流运输流程图

COSCO SHIPPING UNIVERSE

第2章

集装箱船家族图谱

伴随着人们生活水平的提高，对日用商品的需求量也越来越多，促使世界范围的贸易量极速增长，在这种情况下，催生了集装箱船的跨越式发展。1956年世界上第一艘集装箱船建成并投入运营至今，经过60多年的发展，集装箱船的船型发生了翻天覆地的变化，大型化已贯穿整个船型发展过程。伴随国际海运量的暴增，集装箱船队规模不断扩大，且发展迅速。超大型集装箱船由于其显著的经济效益和绿色环保，已成为世界各大航运公司的宠儿。

> 图51 集装箱船

集装箱船的成长历史

海陆联运

自从有位美国人提出集装箱运输应该实行“海陆联运”，这才真正开始了现代意义上的集装箱运输，其优势也开始展现出来了。这个人就是现代集装箱运输之父——马尔科姆·麦克莱恩。

麦克莱恩年轻时有自己的卡车运输公司，他发现在公路上经常发生交通拥堵，于是他想为何不将卡车上的拖车直接装在货船上运输呢？麦克莱恩总是走在整个运输领域的最前列，甚至几十年来一直在推行集装箱运输。他深知，要降低海运货物的运输成本，不但需要集装箱，还需要全

图52 马尔科姆·麦克莱恩

新的装载方式，即整个运输系统的各个环节——港口、船舶、吊机、货物存储工具以及船员的操作方法都必须改变。

华盛顿州布朗工业公司的基思·坦特林格总工程师设计出一只30英尺的铝制集装箱，这是第一只现代意义上的航运集装箱。它可以两个一摞地叠放在驳船上，或放在卡车底盘上拖走。

麦克莱恩决定将一艘T–2型油船改造为集装箱船，并根据油船甲板的尺寸，提出使用33英尺长的集装箱，这样可以将甲板分割成若干个33英尺长的单元来装载集装箱，33英尺是当时通用集装箱尺寸的7倍。于是在油船甲板上安装了金属框架，每排可容纳8只集装箱，同时又设计安装了用于固定集装箱的系固装置。

1953年，麦克莱恩提出建造码头货运场站的设想，让卡车沿着斜道开上专门的货船，并卸下拖车。货船运载拖车至纽约等港口，船只到港后，将拖车用其他卡车头接走，这样就可以实现“海陆联运”。

为了实现理想，他在1955年接管了

> 图53 “理想–X”号模型

> 图54 世界第一艘用油轮改装的集装箱船——“理想-X”号

泛大西洋轮船公司。“海陆联运”的理念，让麦克莱恩获得了联邦政府6 300万美元的贷款担保，用于购买7艘新型滚装船，每艘船可以运载288辆拖车，使装卸成本直降75%以上。但很快麦克莱恩又有了新的想法，他意识到船上运载拖车，拖车占据了大量的船舱空间，如果装船时仅吊装车厢而不用拖车，就可以节省1/3的空间，而且车厢可以多层叠放。船只到港后，用吊车将车厢吊起，再放到一辆卡车底盘上，固定后运至目的地，这样运输成本会大幅降低。

1956年4月26日，一艘由T-2型油船“马科斯顿”号改装为“理想-X”号的集装箱船在纽约港装货，吊机以每7分钟吊一个集装箱的速度，将58只集装箱吊到甲板上，仅几个小时，船就装货完毕并出发。第二天，麦克莱恩和他的助手们飞往华盛顿等待货船抵港。

“当它抵达码头时，所有人都过来观

小贴士

马尔科姆·麦克莱恩

马尔科姆·麦克莱恩（1915—2001年）：20世纪40年代美国一家运输公司的老板，由于其改造了集装箱并广泛应用于汽车、铁路、船舶和飞机运输，实现了海陆联运，大大提高了运输效率，使全球运输业发生了革命性的变革。麦克莱恩被“国际海运名人堂”命名为“世纪伟人”，被同行誉称为“集装箱运输之父”。

看，人们对甲板上的箱子非常惊奇。曾经在华盛顿见过上千艘油船，但是从来没有见过这样的船，大家都不敢相信自己的眼睛。”一位目睹者回忆说。

对麦克莱恩来说，真正的成果来自价格的优势。当时，如果采用中型干散货船运输这些货物，运费为5.83美元/吨，而使用集装箱，运费仅为15.8美分/吨，3个月的试运行取得了巨大的经济效益，显现了集装箱运输的巨大优越性。

集装箱船的起航

随着集装箱运输的高速发展，单靠公路和铁路集装箱运输已不能满足蓬勃发展的现代工业和国际贸易的发展需求，集装箱运输必须贯穿海洋和陆地，实现陆海集装箱联运。美国是最先尝试集装箱联运的国家。

1957年10月4日，世界上第一艘全集装箱船——“盖脱威城”号投入运营，码头装卸货时间和费用都明显减少，开创了集装箱船运输的新纪元。

1958年又有6艘全集装箱船加入泛大西洋公司船队。

1958年8月31日，装载着20只集装箱的“夏威夷商人”号散货船从旧金山阿拉米达驶往夏威夷火奴鲁鲁，也开始了集装箱海陆联运。

为开拓集装箱货物联运，1960年初，美国泛大西洋轮船公司更名为海陆联运公司。并于1961年，海陆联运公司购买了4艘第二次世界大战（简称“二战”）时期的油轮，在德国造船厂进行改装，改装后的集装箱船可运载476只集装箱。1962年，在纽瓦克港伊丽莎白码头建成世界上第一

> 图55 世界第一艘全集装箱船——“盖脱威城”号

> 图56 “夏威夷商人”号散货船

个集装箱货运专用码头。在政府的支持下，麦克莱恩开辟了从纽瓦克经巴拿马运河至美国西海岸加利福尼亚州的航线，从此以后海陆联运公司的货运量迅速飙升。

1961年，美国航运界正式投入集装箱船的建造，美国总统轮船公司最先建造了一批集装箱船。1966年5月3日，海陆联运公司的“费尔兰”号集装箱船抵达荷兰鹿特丹港，标志着世界集装箱船运输由此兴起。

> 图57 “费尔兰”号集装箱船

在集装箱船的发展上，美国对世界起到积极的推动作用。此后，西欧国家也积极发展集装箱船运输，德国和日本紧紧跟上。1971年，苏联建造了第一艘集装箱船。1971年世界各国的集装箱船数量大幅上升，是1967年的9倍；到1975年又翻了一番，集装箱船在航运界的地位从此稳固下来。在国际贸易中集装箱船运输成了通用的运输方式，现代物流更离不开集装箱船。

集装箱船的海洋运输

1957年，美国人坦特林格发明的具有斜边的拖车底盘，可以自动引导集装箱安放在指定位置；船上的导轨隔槽可堆放五层或六层集装箱；新的锁箱机构更易于把集装箱从底盘上锁紧或放开；龙门吊车也诞生了。这些变化加速了货物的装载和运送。

同时，对集装箱也进行了技术改造，在集装箱箱角处采用4根角柱，在集装箱的上下8个角上都设有一个椭圆孔来容纳一个最关键的发明——扭锁。扭锁有两个圆锥形的部件，一个尖朝上，一个尖朝下。当集装箱摆放在一起时，扭锁插入箱角上的椭圆孔中，扳动把手就可将两个集装箱紧紧地锁在一起而不会移动。卸货时，只要反方向扳动把手就可使两只箱子分开。同时，在集装箱的箱角处采用4根角柱来加强集装箱承载力，使集装箱上能承载更多的箱子。

> 图58 扭锁

20世纪50年代，大多数货船上有小型吊车，可在港口装卸货物。但是对于20吨重的集装箱，小型吊车是无能为力的。为此，麦克莱恩对纽瓦克和休斯敦的码头进行重建加固，在码头岸边安装铁轨和动力供应系统，并购买了两台悬臂回转式起重机，起重机高达72英尺，可以沿着与船身平行的码头铁轨移动。起重机上悬挂着坦特林格新发明的扩张爪，可以伸展开来罩住集装箱往上提。起重机操作员只需在集装箱的上方放下扩张爪，按下开关，让吊钩钩住集装箱的4个角，轻轻地一抓，集装箱便被吊起，运到指定位置后，再按一下开关就可以让吊钩脱离、放下箱子，这大大减轻了码头工人的工作强度。

接着，麦克莱恩着手将6艘C–2型货船改造成全集装箱船，这样可方便起重机轻松把集装箱吊进格槽内并固定，每个格槽内可堆放五六只箱子，从而避免了集装箱受海上的颠簸而发生滑移。为增加甲板装载量，甲板由63英尺加宽到72英尺，舱口也扩大到能使整只集装箱可以通过。改造后的C–2型货船装载量几乎是“理想–X”号的4倍，可运载226只集装箱。

坦特林格还发明了一种新型的卡车底盘，其边缘是向内倾斜的，当集装箱被吊到底盘上时就会自动下滑就位。另外，一

> 图59 悬臂回转式起重机

> 图60 卡车正在装载集装箱

人操作的新型锁定系统只需抬起或放下底盘各个角上的一个把手，就可以锁紧或放开集装箱，大大提高了装卸速度。卡车装好集装箱后能迅速驶离码头，让后面的卡车衔接作业。

然而纽瓦克和休斯敦码头的悬臂回转式起重机并不理想，吊装时难以操作。而且，麦克莱恩还要开通其他港口航线，没有大型起重机怎么行呢？美国斯卡吉特钢铁厂的麦金泰尔是一个机械天才，他制造出一台巨大的龙门式起重机。该起重机有四条支腿，两条支撑在码头铁轨上，另外两条支腿搭在外侧船舷上，龙门吊可以沿码头铁轨横向移动，起吊行车则在船身与码头之间移动，将船上集装箱吊装上岸，或将离港集装箱装船。

C–2型货船的驾驶舱在船艄部，货舱在艏艉部，需要两台起重机，船艏和船艉各一台。起重机的装卸速度为每小时15只集装箱，两台起重机同时工作，装卸速度

> 图61 行车起吊集装箱

小贴士

C–2型货船

C–2型货船于1937年至1938年间建造，总长140米、宽19米，有5个货舱。设计师在货舱中设置很多像蜂巢一样的金属导轨来容纳集装箱，导轨比集装箱长出1/4英寸、宽出3/4英寸。

成倍提高，不到8小时就完成装卸。

1957年10月4日，改装完工的世界第一艘全集装箱船——“盖脱威城”号投入休斯敦—迈阿密—纽瓦克港航线运营，与同吨位的杂货船相比，“盖脱威城”号的码头装卸货时间明显减少，由原来的7天缩短至15小时，装卸费用也只有普通货船的1/37，获得了前所未有的成功，由此开创了集装箱运输的新纪元。

集装箱船航运蓬勃兴起

集装箱船运输虽然是一种现代化的运输方式，但其发展却经历了漫长的过程。

起始阶段（19世纪初—1966年）

1966年以前，仅欧美一些先进国家，在铁路、公路和国内沿海进行集装箱运输；集装箱船型都以改装的半集装箱船为主，载箱量不超过500 TEU，航速也较慢。

集装箱主要采用8英尺×8英尺，长度分别为24英尺、27英尺和35英尺的非标准集装箱，也有使用长度为20英尺和40英尺的标准集装箱。C-3型货轮的装载量为408只集装箱，装卸以船用起货机为主，只有极少数专用码头上有岸边装卸桥；码头装卸主要采用海陆联运公司开创的底盘车方式，跨运车刚刚出现；集装箱运输仅提供港到港的服务。

1959年1月9日，在旧金山湾东边的阿拉米达Encinal码头安装了世界第一台岸边集装箱起重机。该起重机由两个A字形支架和夹在中间的水平吊臂组成，高113

> 图62 起始阶段的集装箱码头

英尺，支架间距34英尺，水平吊臂长95英尺，足以横跨整个船身，吊臂后端为压重物。吊车四个支腿安装车轮，可以沿着码头铁轨移动。

工作时，吊臂小车移至船舱上方吊起集装箱，再滑动到吊臂后部，将集装箱放在码头等候的集装箱拖车底盘上。装卸一只20英尺集装箱的时间约为3分钟，即每小时可以装卸400吨货物，工作效率是船上起货机的40倍。由此为大规模发展集装箱运输打下了良好的基础。

发展阶段（1967—1983年）

随着集装箱船运输规模的发展，其优越性越来越被人们所认识，各大航运公司纷纷订造集装箱船，开展集装箱运输。

1967年已有12家美国航运企业开始订造全集装箱船，在建集装箱船多达64艘。第二年就有18艘集装箱船交付使用，其中10艘属大型集装箱船，载箱量达到1 000 TEU。德国赫伯罗特轮船公司是一家拥有百年历史的传奇企业，曾在两次世界大战前两度兴起，又两度被战争摧毁。1968年10月25日，赫伯罗特公司的“威悉河快车”号集装箱船在不来梅下水，该船船长170米，装箱量为736 TEU；后续又有3艘同型船相继下水，成为欧洲最早开展集装箱船运输的航运公司。同年，英国OCL航运公司的一艘1 200 FEU（40英尺标准箱）的集装箱船投入使用，该船为当时世界上最大的集装箱船。

1970年，全球约有23万TEU，1983年达到208万TEU。集装箱船的行踪更是遍布世界各大港口。为此，各港口纷纷建造集装箱船专用码头，并配备了装卸桥。在鹿特丹港集装箱码头堆场上到处可见轮胎式龙门起重机、跨运车等在忙碌，第二代集装箱装卸桥以每小时50 TEU的速度在装卸货物。

> 图63　龙门起重机

在此期间，传统的件杂货运输管理方法被逐渐淘汰，计算机管理体系逐步形成，并得到广泛的应用。同时，不断涌现许多造船新技术、新工艺、新机械、新箱型、新船型，世界集装箱运输也向多式联运模式发展。

成熟阶段（1984年至今）

20世纪80年代以来，集装箱船已经发展成为世界上三大主力运输船型（油船、散货船和集装箱船）之一。除大宗货物以外，世界的贸易商品主要依靠集装箱船运输，货运量从1989年的2.24亿吨，迅速增长至1999年的5.44亿吨，再到2009年的11.34亿吨，2019年预测为20.35亿吨，每十年几乎翻一倍。世界集装箱船船队吨位从1991年的2 830万吨增长至1999年的6 230万吨，然后到2009年的1.62亿吨，再到2018年的2.53亿吨。集装箱船运输已遍及全球所有的海运国家，世界海运货物的集装箱化已成为不可阻挡的发展趋势。

集装箱船的大型化和低速化

在集装箱船中，以大型集装箱船发展最快。1989年建造的巴拿马型集装箱船，船长为284.72米，载箱量4 000 TEU。1992年建造的集装箱船，船长为281.6米，载箱量4 407 TEU。1997年建造的集装箱船，船长为283米，载箱量4 786 TEU。

由此可见，短短几年内，巴拿马型集装箱船在同一长度下载箱量增加了600～800 TEU。载箱量的增加是由于船舶线型设计的突破，单元货舱布置和总布置的紧凑，结构设计水平、绑扎技术和舱盖技术的提高，以及甲板上货箱层数的增加等，表现出世界上大型集装箱船的科

> 图64 巴拿马型集装箱船

> 图65　杜鲁门总统号（President Truman）集装箱船

研、设计和建造水平已上了一个台阶。

随着集装箱船航运市场的迅速发展，巴拿马型集装箱船已不能适应市场竞争需要，90年代中期，世界上各大航运公司订购的热点集中到超巴拿马型集装箱船上来。集装箱船订单中，超巴拿马型集装箱船占80.1%，超巴拿马型船容量已经发展到可装载7 000 ～ 8 000 TEU。航速相同的1艘8 000 TEU集装箱船和2艘4 000 TEU集装箱船作分析比较，发现采用1艘8 000 TEU集装箱船比2艘4 000 TEU集装箱船可节省10%的船员费用和20%燃料油费。要知道，船型规格的经济性在集装箱运输中起着重要的作用。

随着全球货运集装箱多式联运的展开，集装箱船超大型化的势头不减，集

小贴士

美国总统轮船公司

美国总统轮船公司（APL）是一家有150年历史的美国船运公司，1997年被东方海皇（NOL）吞并，但还是用APL的牌子。

美国总统轮船公司前身为始创于1848年的太平洋邮船公司。一个半世纪以来，APL经历了激动人心的变革，从而跻身于世界五大航运和物流服务公司之列。

作为全球五大航运公司之一，美国总统轮船正致力于完善公司在中国的组织架构，不断拓展业务，提供全球化运输及物流服务。

APL的主打航线是美国线，这和它的起源有关系，也是它的最大利润来源。APL在中国主要分两个区——南中国和北中国。南中国管辖宁波以南所有港口，总部在香港；北中国管辖宁波和宁波以北的港口，总部在上海。后来又分了四个平行的分区，为华南、华北、香港、台湾，总称大中国区。

装箱船从8 000 TEU到10 000 TEU、12 000 TEU、16 000 TEU、18 000 TEU，甚至2万级TEU以上的超大型集装箱船不断问世。

随着航运经济性需求增大，国际海事组织关于EEDI等减排要求的不断提高，各班轮公司开始大幅降低集装箱船的航行速度。据统计，2010年全球半数集装箱船实施减速航行，将航速下调至18～20节，以减少燃料消耗。每艘集装箱船减速20%，可节省40%的燃料开支，还可减少污染，实现绿色环保，因此，集装箱低速运行逐步成为常态。

港口码头与航线

在经济全球化背景下，集装箱航运市场发展迅猛，直接推动全球集装箱港口向大型化、集中化、网络化、深水化方向发展，货物装卸向自动化、智能化发展。集装箱枢纽港的岸吊更新扩建步伐加快，许多港口的岸吊跨距已发展到40米、45米，个别港口达到了50～60米。

1993年世界上第一座自动化集装箱码头荷兰鹿特丹港的ECT码头建成；2002年第二代自动化集装箱码头在英国伦敦港、日本川崎港、新加坡港和德国汉堡港投入运营；第三代自动化集装箱码头以2008年投入运营的荷兰鹿特丹港Euromax码头为代表；中国厦门远海集装箱智能码头采用众多创新技术，是第四代自动化集装箱码头，也是中国第一个全自动化集装箱

> 图66 自动化集装箱码头

> 图67 集装箱运输堆场

码头。

海运运输网络发展迅猛，新加坡港口共有250多条国际航线往来于世界各地，平均每12分钟就有一艘船进出港口，来自全球80多个国家和地区的130多家船舶公司的各种船舶日夜进出该港。与此同时，巴拿马运河的拓宽，以及美国东岸港口设施的升级，推进了集装箱船的大型化发展。新巴拿马型船的船宽由32.3米增加至48.2米，通过巴拿马运河的船舶载箱量也从此前的5 000箱增加至万箱以上。

随着全球经济和科技的深入融合发展，特别是海铁联运、“一带一路”建设

小贴士

东方海外货柜航运公司

东方海外货柜航运公司（OOCL）是一家香港集装箱航运与物流服务公司。1947年，董浩云（董兆荣）建立了东方海外航运公司。1969年，东方海外涉足集装箱运输后，改名为东方海外货柜航运公司。

在鼎盛时期，东方海外拥有一支超过150艘货轮、运载能力超过1 000万吨的船队，是世界七大轮船航运公司之一。东方海外还曾拥有世界造船史上最大的轮船——“海上巨人”号（Seawise Giant）。

今天，东方海外仍然是世界主要的航运及物流公司之一，在50个国家共拥有超过4 000名员工。

> 图68　东方海外集装箱船

的发展以及全球自贸区的对外优化开放，全球集装箱航运的规模保持向上增长态势。

集装箱航运巨头的并购和结盟

当今世界经济日益趋向一体化，许多航运公司为了缓和竞争压力、提高服务质量、降低成本，纷纷进行联盟，向集团化、联营化方向发展，走联营、兼并的道路。联盟内部也不断分化重组，以实现联合派船、互换舱位，达到最优配置，从而保证大型集装箱船尽可能高的舱位利用率。

1997—2018年，全球集装箱航运市场的巨头合并急剧升温，日本邮船兼并昭和海运；商船三井收购Navix Line（日本第四大航运企业）；马士基集团成功收购铁行渣华，成为全球最大的班轮公司——马士基航运；赫伯罗特收购了南美轮船的集装箱运输业务，从而跻身全球第四大班轮公司；法国达飞集团成功收购东方海皇公司；中国远洋运输（集团）总公司与中国海运（集团）总公司实施重组，成立了中国远洋海运集团，旗下负责集装箱运输业务的中远海运进入全球班轮巨头前三。

据统计，2018年12月，排名前三的马士基航运、地中海航运、中远海运三家公司的运力份额占全球44.6%。

同时，巨头之间的联盟进一步强化了对班轮市场的垄断。2017年4月1日，全球集装箱班轮运输市场上的“2M+现代”“OCEAN Alliance”“THE Alliance”三大新联盟开启运作，2M（由马士基和地中海航运组成）、OCEAN联盟（由中远

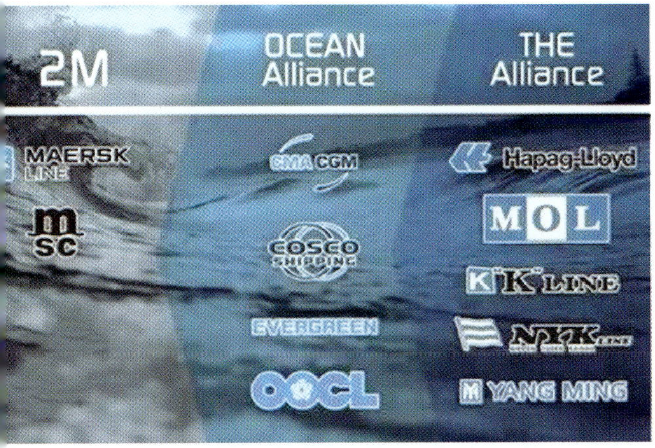

> 图69　三大联盟成员组成

集运、法国达飞、长荣海运和东方海外组成）、THE联盟（由赫伯罗特、阳明海运、商船三井、日本邮船和川崎汽船组成），正式取代了曾主导国际集装箱班轮航运市场格局的四大航运联盟（2M、O3、G6、CKYHE），班轮结盟运输翻开了崭新的一页。

> 图70　中远集运集装箱船

表1　三大联盟航线数量部署

航线	2M	OCEAN	THE
东西贸易	25	40	32
亚洲—中东/红海	0	7	1
亚洲—北美西海岸	5	13	11

集装箱航运的信息化和智能化逐步升温

变革与创新已成为世界集装箱航运的必然之举，“智慧航运”是未来集装箱运

小贴士

中国远洋运输集团

中国远洋运输集团（简称“中远”）是以国际航运、物流码头和船舶修造为主业的大型集团。1978年9月26日，中国第一艘集装箱班轮、中远公司的“平乡城”轮从上海港起航，驶往澳大利亚悉尼港，由此标志着中国跨入了国际集装箱海运行列。中远的船舶也由早期的数百箱级、1 200箱级、1 700箱级、2 700箱级、3 800箱级，一直发展到万箱级，21 000箱级集装箱船也已入驻船队。

目前，中远拥有各类现代化商船近千艘，远洋航线覆盖全球160多个国家和地区的1 600多个港口，船队规模位于世界前列，在50多个国家和地区拥有千余家企业和分支机构，正在形成完整的航运、物流、码头、船舶修造的全球业务链。

输发展的方向。电子数据交换技术的出现将电子单证取代纸质单证，实现了“无纸贸易”；区块链和电子取证技术的相互融合，为集装箱智能化运输提供了技术支撑；全球定位系统提升了集装箱码头的自动化运营和安全管理能力；地理信息系统可处理集装箱多式联运系统规划中的海量数据，使运输规划更具高效性与科学性；基于射频识别和现代信息技术对集装箱运输的物流和信息流进行实时跟踪，从而消除运输过程中可能产生的错箱、漏箱事件，缩短通关时间，提高运输安全性和可靠性。

随着集装箱码头的自动化、无人化程度进一步深化，以及无人船和智能船未来的研发和广泛应用，集装箱航运的未来将更加智慧。

> 图71 集装箱航运的智能化管理

集装箱船历史中的典型船只

自从1958年美国总统轮船公司开始订造集装箱船起，集装箱船型发展迅速，队伍急速壮大。目前，集装箱船已进入20 000 TEU时代。让我们一起来回顾集装箱船的成长史。

1961年投入美国西海岸—远东（日

> 图72 马士基航运公司集装箱船

本、菲律宾、新加坡和中国香港）航线上运营的“林肯总统”号集装箱船和“泰勒总统”号集装箱船，载箱量为126 TEU。

1966年4月23日，在美国西海岸—荷兰鹿兰特丹港、德国不来梅的航线上运营的海陆联运公司建造的“费尔兰”号集装箱，船长75.77米，2 635载重吨，载箱量为236 TEU。

图73 “费尔兰”号集装箱船

1968年，德国赫伯罗特轮船公司的“威悉河快车”号集装箱船，船长201米，19 650载重吨，载箱量为736 TEU。

图74 “威悉河快车”号集装箱船

1969年，“英康特海湾”号集装箱船建成，总长227.31米，28 794载重吨，载箱量为1 530 TEU。

图75 “英康特海湾”号集装箱船

1972年，“汉堡快航”号集装箱船建成，总长287.61米，47 995载重吨，载箱量为2 950 TEU。

小贴士

马士基航运公司

马士基集团成立于1904年，总部设在丹麦哥本哈根，在全球一百多个国家设有数百间办事机构，服务遍及世界各地。

马士基航运公司是世界上最大的集装箱航运公司，由马士基海陆合并英国P&O Nedllord后改组而成，目前占世界集装箱航运市场17%的份额，拥有500多艘集装箱船以及150万个集装箱，服务网络遍及六大洲。

> 图76 “汉堡快航”号集装箱船

1984年，“美国纽约”号集装箱船建成，总长289.52米，58 943载重吨，载箱量为4 614 TEU。

> 图77 “美国纽约”号集装箱船

1996年，马士基航运公司的“里贾纳马士基”号集装箱船建成，总长318.24米，84 900载重吨，载箱量为6 400 TEU。

> 图78 “里贾纳马士基”号集装箱船

1997年，投入运营的“苏珊马士基”号集装箱船总长347米，110 381载重吨，载箱量为8 890 TEU。

> 图79 “苏珊马士基”号集装箱船

2002年，“夏洛特马士基”号集装箱船投入运营，总长346.98米，109 657载重吨，载箱量为8 890 TEU。

> 图80 “夏洛特马士基”号集装箱船

2003年，投入使用的“安娜马士基”号集装箱船总长352.600米，109 000载重吨，载箱量为9 310 TEU。

> 图81 “安娜马士基”号集装箱船

2005年，“古杰多马士基”号集装箱船完工，总长367米，115 700载重吨，载箱量为10 500 TEU。

> 图82 “古杰多马士基”号集装箱船

2006年，E级集装箱船“爱玛马士基”号投入运营，总长397.71米，156 257载重吨，载箱量为15 500 TEU。

> 图83 “爱玛马士基”号集装箱船

2012年，韩国三星建造的“达飞·马可波罗”号集装箱船总长396米，187 625载重吨，载箱量为16 000 TEU。

> 图84 “达飞·马可波罗”号集装箱船

2014年，“中海环球”号集装箱船交付使用，总长400米，宽58.6米，设计吃水深度14.5米，服务航速23节，载箱量为19 100 TEU，被誉为“航运业的A380”。

2015年，“地中海奥斯卡”号集装箱船投入营运，载箱量为19 224 TEU；同年，装载量为19 870 TEU的“阿拉伯巴尔赞”号集装箱船接踵而来，船长395.47米，199 273载重吨。

> 图85 “中海环球”号集装箱船

> 图86 “地中海奥斯卡”号集装箱船

2016年4月3日，“商船三井成就”号集装箱船装载20 150 TEU首航天津港，船长400米，满载吃水深度16米，196 878载重吨。

> 图87 “商船三井成就”号集装箱船

2017年4月27日，“马德里·马士基”号集装箱船装载20 568 TEU首航靠泊天津港；同年5月22日，全球最大的集装箱船“东方香港”号集装箱船装载21 413 TEU首航靠泊上海洋山港，该船船长：399米，190 326载重吨。

2017年8月，法国达飞海运集团公司宣布，订造9艘22 000 TEU巨型集装箱船。

> 图88　“马德里·马士基”号集装箱船

从集装箱船成长历程图可看出60年来集装箱船从小型、中型到大型、超大型，发展到如今的巨型且发展势头迅猛，载箱量也不断创新高。集装箱船的规模经济效应得到充分体现。例如，一艘13 000 TEU集装箱船船长366米，宽48米，可以很轻松地携带13 000个集装箱，10天就可以完成一万多千米的航程，从中国到达美国。然而13 000个集装箱每个集装箱的运费是多少呢，如果是中国到美国西海岸，需要约1 000美元，13 000只集装箱大约需要1 300万美元。而这条船每天最大的开销是燃油，它一天的油耗在300吨左右，10天就是3 000吨，每吨油价500美元，这10天总油费150万美元，经济规模效益是不是非常惊人。因此，船舶大型化还将继续。

自1968年以来集装箱船容量增长约14 000

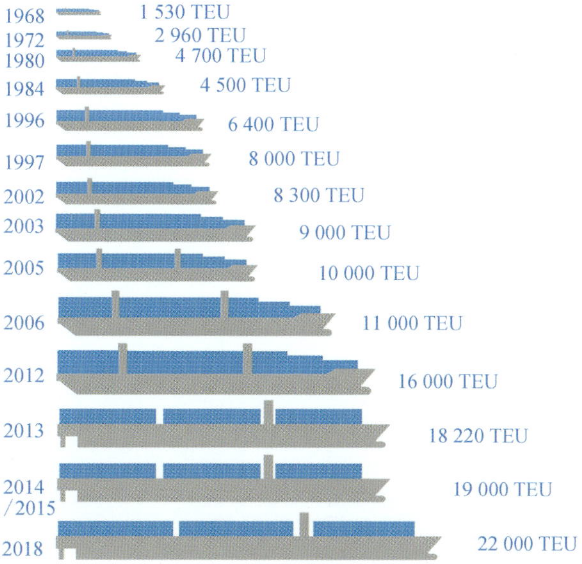

> 图89　集装箱船成长历程

小贴士

集装箱船名字的由来

公　司	集装箱船命名介绍	举　例
马士基——人名，地名	作为“带头大哥”的集装箱班轮营运商，马士基麾下集装箱船多以人名和地名冠名。其特征一是以“马士基”字样为前缀，加上各种题材；二是以“马士基”字样作为船名后缀。前者基本上应用于悬挂各种方便旗的马士基船只，而后者则为所有悬挂丹麦国旗的船只	人名系男子组：马士基·爱德华（Maersk Edward）、乔治·马士基（Georg Maersk） 人名系女子组：安娜·马士基（Anna Maersk）、马士基·凯特（Maersk Kate）
地中海航运——取材广泛	船舶除了以人名（尤其是女子名）冠名以外，还可以包括有星座、城市名、国家名以及职业类等。其特征是以公司名称“地中海”（缩写为MSC）为前缀	人名系：地中海·阿丽亚娜（MSC Ariane）、地中海·亚历山德拉（MSC Alexandra）
达飞——法式浪漫	法国浓厚的浪漫主义自由色彩在多种多样的船舶名称中展现无遗。“达飞”（CMA CGM）开头，除了加上常用的人名和地名以外，还有加上包括动植物、矿物、文学作品名等的各种后缀	海洋生物系：达飞·蓝鲸（CMA CGM Blue Whale）、达飞·白鲨（CMA CGM White Shark） 城市系：达飞·阿拉斯加（CMA CGM Alaska）、达飞·奥克兰（CMA CGM Auckland）
长荣海运——“向上看”、正能量	长荣海运船舶命名取材多样，均具有正面、向上的含义。其特征是为“长”（Ever）或“立”（Uni）字样加上后缀，成为长轮系和立轮系。每条集装箱船均被赋有一中一英两个船名，中文船名则为其英文船名的简意	长轮系：长豪轮（Ever Deluxe）、长锦轮（Ever Champion） 立轮系：立纯轮（Uni-Angel）、立昌轮（Uni-Prosper）

小贴士

（续表）

公　司	集装箱船命名介绍	举　例
美国总统轮船——我就是总统	美国总统轮船除了多以地名、国家名等冠名之外，还有名副其实地以美国总统名字冠名的系列。另外，为了彰显新加坡对公司的影响，一些具有当地特色的元素也被加入船名之中。船名特征是以“美总”（APL）为开头	城市系：美总青岛（APL QD）、美总南安普顿（APL SouthAmpton） 国家系：美总意大利（APL Italy）、美总土耳其（APL Turkey）
现代商船——韩式风范	现代商船作为韩国船公司，船名取材多样化，均以公司名称“现代”（HYUNDAI）字样开头并加上各种后缀。船名以英文字母表示，并有相应的韩文，同漆于船体上的还有以汉语书写的“韩国现代”字样	皇族系：现代公爵（HYUNDAI Duke）、现代殿下（HYUNDAI Highness） 名门系：现代舰长（HYUNDAI Commodore）、现代将军（HYUNDAI General）
赫伯罗特——信不信我最快	赫伯罗特旗下船舶命名风格整齐划一，均以城市和国家名冠名，透着德意志民族的严谨和简洁作风，在主流运营商中独树一帜。其特征是以船名主体加上英文单词“Express”后缀，为快速抵达之意	城市/港口系：西雅图快航（Seattle Express）、东京快航（Tokyo Express） 国家系：新加坡快航（Singapore Express）、越南快航（Vietnam Express）
太平船务——浓浓马来味	太平船务庞大的集装箱船队中，为了体现公司与马来文化的深厚渊源，所有船名统一以“KOTA”字样开头，“KOTA”在马来语中有“城市”之意。每条集装箱船均被赋有一英一中两个船名。多数的英文船名并非实指某个城市，而是“KOTA”再加上一种特征而成	“KOTAHARUM”“HARUM”在马来语中为“芬芳”之意；又如船名“KOTAHORMAT”“HORMAT”在马来语中为“尊重”之意。与此一一对应的官方中文名称，则为“馥城”和“尊城”

集装箱船家族成员

随着海上货物运输的多样化，集装箱船家族成员不断壮大，有全集装箱船、半集装箱船、可变换集装箱船、具有破冰功能的集装箱船以及无舱盖集装箱船。装卸货形式也有吊装式、滚装式和载驳式。

全集装箱船

全集装箱船又称集装箱专用船，大多服务于班轮航线，运行于世界各主要集装箱港口。全集装箱船不仅舱内可装载集装箱，而且甲板上也可堆放集装箱，是一种专门用于载运集装箱的船舶。全集装箱船船体就像一座庞大的仓库，可达300米长，货舱内装有垂直导轨，便于集装箱沿导轨放下，四角有格栅制约，可防倾倒。

全集装箱船上不配备起吊设备，必须依靠码头岸边的装卸桥进行装卸集装

> 图90 全集装箱船

箱。现在的集装箱码头都配有岸边集装箱桥吊。

半集装箱船

半集装箱船就是将适合装载集装箱的货舱里安装导轨后，作为集装箱专用舱。其他舱室如艏、艉舱等因形状不规则，可作为杂货舱装载杂货。

多用途集装箱船

多用途集装箱船主要以载运集装箱为主，兼运重大件、超长件；或以重货为主，兼运集装箱及散货。航速约15～16节，船上设有起重设备。

多用途集装箱船适应性强，揽货能力高，可减少回空及待泊，从而提高船舶航行率。

> 图91　4 700吨多用途集装箱船

可变换集装箱船

可变换集装箱船因其货舱内装载集装箱的结构为可拆装式，因此既可装载集装箱，必要时也可装运一般杂货。

无舱盖集装箱船

由于无舱盖集装箱船将舱内箱格导轨一直延伸至舱面，省去了舱口盖，集装箱可直接堆叠至舱面而无须绑扎，大大提高了装卸效率。

> 图92　无舱盖集装箱船

滚装式集装箱船

滚装式集装箱船又称滚上滚下集装箱船或开上开下集装箱船，英文为RO/RO（roll-on/roll-of）船，简称滚装船。滚装船是在汽车轮渡的基础上发展演变而来的，造型特殊，上甲板没有舱口，也没有起重设备。车辆是通过船上的艏门、艉门或舷门的跳板开进开出进入船内。航行时，折叠式的艉跳板矗立在船艉，驾驶室等上层建筑布置在船艉部或船艏部。由于滚装船运载车辆会排出有害气体，所以在上甲板设有很多通风筒。

滚装船具有多层甲板，一般有2～6层。为使车辆在舱内通行无阻，舱内设少量支柱，不设横舱壁。

滚装船可实现“门到门”的方式直接运输，减少了运输过程中的货损和差错。其装卸效率很高，可达1 000～2 000吨/时。

> 图93 滚装式集装箱船艉部

> 图94 滚装式集装箱船汽车甲板

1-可升降汽车甲板；2-铰链吊架；3-提升钢丝；4-斜坡；5-甲板

> 图95　世界上第一艘滚装船——“彗星”号

因滚装船的舱容利用率低，造价高，运输成本比全集装箱船高，比较适用于沿海或近洋短途航线。

冷藏集装箱船

冷藏集装箱船用于运输要求冷藏的货物并兼顾运输集装箱的船舶。船上设置多个专供装载保鲜鱼、肉、蔬菜等货物的货舱。按货物对冷藏温度的不同要求，设置不同冷冻货舱和冷载货舱。为保持舱内低温，防止外界热量的渗入，舱内除设有制冷系统外，四周所有金属板壁都敷设绝缘层。货舱口一般较小，设有绝缘层的舱口盖，既保证水密，又保证气密。船体结构和舱面甲板按集装箱船设计，以使装载一定数量的集装箱，使之成为多用途货船，提高船舶经济效能。冷藏集装箱船除了其规模经济效应外，还很环保。

内河集装箱船

内河集装箱船运输的特点是充分发挥水运节能、环保和经济的优势，促进现

> 图96　冷藏集装箱船

代化江海河联运体系和多式联运体系的发展。

目前通航于莱茵河上的内河集装箱船主要有120 TEU的自航驳船和大型驳船队，其特点是运量大、机动灵活、方便高效。

我国珠江三角洲地区的内河集装箱运输航线“华南公共驳船快线”覆盖了华南地区14个港口、32个内河及沿海码头，开辟了20条定期定班的驳船支线及多条不定期的航线，并在不同的航线上投入不同船型，有20 TEU、36 TEU、40 TEU、60 TEU以及120 TEU的集装箱船。

> 图97 “华航808”号内河集装箱船

全集装箱船家族的分类

在集装箱运输的全过程，集装箱船型的规模经济性起着重要作用。近年来，各大航运公司纷纷订造大型或超大型集装箱船，从而使全集装箱船的体态不断肥大，发展至今进入第八代。

进入21世纪，新生代集装箱船更是层出不穷。2002年，8 600 TEU超大型集装箱船（very large container ship, VLCS）载入史册；2005年，9 200 TEU集装箱船投入营运；2006年，11 000 TEU集装箱船在海运航线上首露风姿；2008年，13 800 TEU集装箱船现身；2013年，18 000 TEU集装箱船崭露头角。随后，巨型集装箱船（ultra large container ship, ULCS）的时代到来。2017年，20 000 TEU集装箱船出现；2018年，21 000 TEU集装箱船横空出世；2019年，23 000 TEU集装箱船也已脱颖而出。

按载箱量分

小型：＜2 500 TEU。

中型：2 500 ～ 6 000 TEU。

大型：6 000 ～ 8 000 TEU。

超大型：＞8 000 TEU。

按船型特征分

小型集装箱船：船宽不超过23米，载箱量在1 000 TEU以下，通常用于短途海上集装箱运输。

支线型集装箱船：作为大船与港口之间联系的交通工具，既为大船“转运”集装箱，也为港口接运集装箱。最大载箱量约为1 500 ～ 2 000 TEU集装箱。

巴拿马型集装箱船：以船宽32.2米为典型特征，船长和吃水都在巴拿马运河限制范围内，载箱量约为4 500 TEU。

超巴拿马型集装箱船：该型船的主尺度不受旧巴拿马运河限制，载箱量为4 000 ～ 8 000 TEU的全集装箱船。

新巴拿马型集装箱船：该型船受新巴拿马运河船闸限制，船宽48.2米为典型特征（极限船宽可达51.25米），船长和吃水都在运河限制范围内。

苏伊士型集装箱船（超大型集装箱船）：苏伊士型集装箱船的主尺度是基于通过苏伊士运河，最大吃水为18.91米，

小贴士

苏伊士运河

苏伊士运河（Suez Canal）是世界上最重要的两大运河之一，运河全长190多千米，河面平均宽度为135米，平均深度为13米。它位于埃及西奈半岛西侧，北起塞得港，南至苏伊士城。它处于欧亚非三大洲接壤地带，战略地位十分重要，是一条在国际航运中具有战略意义的海运航道。

苏伊士运河的开通将红海与地中海连接，把大西洋、地中海与印度洋连接起来，大大缩短了东西方航程，为世界海上交通与经贸提供了极大的便利。苏伊士运河每年承担着全世界14%的海运贸易，在全世界所有的通海运河中，不论过往船只数量还是货运量，苏伊士运河均名列前茅。

最大船宽为77.55米，其中船宽64.05～77.55米的船舶只允许在好天气下通过。目前世界上最大的超大型集装箱船都未超出这个范围。

马六甲型集装箱船：马六甲型集装箱船的宽度在60米左右，最大载箱量为18 154 TEU，吃水深度可达到21米，而18 000 TEU级集装箱船的最大吃水深度不超过18米，通过马六甲海峡时还有余地。

> 图98 苏伊士运河

按演变（代）分

表2 集装箱船大型化发展演变过程典型船型的基本参数

演变（代）	TEU	总长（米）	型宽（米）	吃水深度（米）
第一代	700～1 000	约150	约22	8～9
第二代	2 000	175～225	25～30	9.5～10.5
第三代	2 000～3 000	240～275	约32	10.5～12.0
第四代	3 000～4 000	275～295	约32	11.5～12.5
第五代	4 000～6 000	280～300	32.2～39.4	11.5～13.5
第六代	6 000～8 000	345	43	14.5
第七代	13 640	398	56	16
第八代（三星重工）	18 000+	400	59	/

第一代集装箱船为20世纪60年代建造，船长约150 m，船宽约22 m，吃水深度为8～9 m，载重量在17 000～20 000总吨。它可装载700～1 000 TEU：舱内可装6列，5～6层；甲板上装6列，1～2层。

> 图99　第一代集装箱船（700～1 000 TEU）

第二代集装箱船为20世纪70年代建造，船长为175～225米，船宽为25～30米，吃水深度为9.5～10.5米，载重量为40 000～50 000吨，航速由第一代的23节提高到26～27节。载箱量为2 000 TEU集装箱：舱内装7～8列，6层；甲板上装8～10列，2～4层。

1972年始建的第三代集装箱船为巴拿马型集装箱船，船长为240～275米，船宽约32米，吃水深度为10.5～12米，航速降低至20～22节。载箱量为2 000～3 000 TEU；舱内装9～10列，7～9层；甲板上装12～13列，2～4层。第三代集装箱船直到1984年才进入成长期，开始批量建造，在之后的10年间成为当时集装箱

> 图100　第二代集装箱船（1 800～2 000 TEU）

船的主流船型，为节能型船舶。

第四代集装箱船由于采用了高强度钢和大功率柴油机，加之自动化程度的提高，船舶重量减轻了25%，船舶的经济性进一步得以提升。第四代集装箱船分为两类：一类为巴拿马型，主尺度（船长、船宽、吃水）都达到巴拿马运河所允

> 图101　第三代集装箱船（3 000 TEU）

许的极限值；另一类为早期的超巴拿马型船，载重量为40 000～50 000载重吨，船长为275～295米，船宽约32米，吃水深度为11.5～12.5米。载箱量为3 000～4 000 TEU：舱内装10～11列，8～9层；甲板上装13～14列，4～5层。

第五代集装箱船始建于1995年，载箱量为4 000多TEU，后对船体略微加大以及对集装箱排列进行优化，使装载能力提高为5 000 TEU，最大载箱量达6 000 TEU，载重量50 000～75 000载重吨。船长为280～300米，船宽为32.2～39.4米，吃水深度为11.5～13.5米。舱内可装12～13列，8～9层集装箱；甲板上装15～16列，5层集装箱。

> 图103　第五代集装箱船

第六代集装箱船拉开了集装箱船大型化的序幕。1996年，马士基航运公司的6 000 TEU“REGINA MAERSK”号集装箱船投入使用，1997年载箱量为6 000～

> 图102　第四代集装箱船（4 000 TEU）

> 图104　第六代集装箱船（6 000 ～ 8 000 TEU）

8 000 TEU的“SOVEREIGN MAERSK”号集装箱船问世。

第七代集装箱船以欧登赛船厂建成的13 640 TEU的万箱以上为代表的集装箱船投入运营为起点。

> 图105　第七代集装箱船

第八代集装箱船以2012年三星重工为法国达飞轮船建造的16 000 TEU“达飞·马可波罗”号集装箱船为代表，并短暂夺得世界最大集装箱船的桂冠。2013年

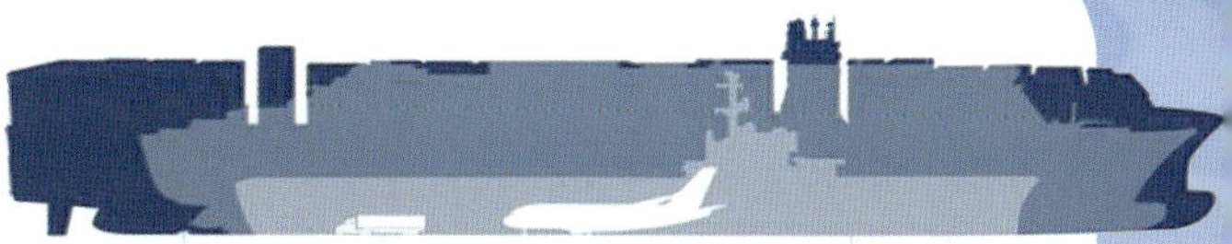

> 图106　“达飞·马可波罗”号与空中客车A380、“戴高乐”号核动力航空母舰、“玛丽女王二世”号邮轮的对比图

马士基建造的18 000 TEU 3E级集装箱船长400米，宽59米，高73米，成为海上“巨无霸”。

> 图107　第八代集装箱船

小贴士

达飞轮船（CMA CGM）

达飞轮船始建于1978年，总部设在法国马赛。法国达飞海运集团是法国第一、世界第三的集装箱全球承运公司。初期主要承接黑海地区业务，进入90年代后期，达飞集团不仅开通了地中海至北欧、红海、东南亚、东亚的直达航线，还分别于1996年、1999年成功收购了法国最大的国营航运公司——法国国家航运公司和澳大利亚国家航运公司，正式更名为“CMA CGM”。

> 图108 马士基3E级集装箱船

按吨位分

规模经济影响着集装箱船运输吨位和船型的要求。20世纪70年代初，很多船公司合作成立了大型集装箱运输联营体，如澳大利亚、新西兰欧洲集装箱服务公司和联合集装箱运输公司将运力集中联营，打造欧洲—远东和澳大利亚—远东的集装箱运输业务。为此，订造了一批2 700 TEU系列的巴拿马型集装箱船，集装箱运输几乎是一步跃入了船舶大型化的征程。

巴拿马型集装箱船

巴拿马型集装箱船因受巴拿马运河河闸限制，其宽度是固定的，约为32.2米；船长必须小于等于294.23米。其型深分两档：一档为舱内装7层箱，型深18.8～19.2米；另一档舱内装8层箱，型深21.2～21.6米。吃水深度为11.5～13.5米，服务航速27节。

一般集装箱船每货舱长度方向布置4行20英尺集装箱（2只40英尺集装箱），每货舱设2只舱盖（每只货舱盖上布置2行）。而巴拿马型集装箱船在甲板上横向可布置11列货箱，为4–3–4布置。横向为一个大货舱盖，货仓盖为3块，中间一块布置3列集装箱，3块舱口盖可有序或无序开启。

货舱内一般布置11列7层或8层集装箱，3 500 TEU以上的集装箱船以8层布置

> 图109 集装箱船货舱

居多。

由于巴拿马型集装箱船具有横稳性高、快速性好、装载量大的特点。因此，其横剖面线型为极V型，水线之上的线型尽可能地外飘，艉部为全宽线型。

1989年德国哈特威船厂为中远集团建造的2 700 TEU“高河”号巴拿马型集装箱船，为单甲板、球鼻艏、倾斜艏柱、方艉、单舵、单桨、中后机、艏侧推、低速柴油机驱动的全格栅集装箱船，总长236米，垂线间长224.50米，型宽32.20米，型深18.80米，设计吃水深度11.00米，结构吃水深度12.02米，天线顶至龙骨距离58.65米，航速19节。

> 图110 巴拿马型集装箱船

集装箱布置为27行，舱内10列，7层，甲板上4层，机舱后4行，可装176 TEU冷藏箱。

超巴拿马型集装箱船

超巴拿马型集装箱船的主尺度因不受巴拿马运河限制，即船宽不受32.2米的限制，可加宽到45米左右，总长可达到345米，使载箱量有一个明显的突破，可达4 000 ～ 8 000 TEU。

世界上第一艘超巴拿马型集装箱船由德国HDW船厂建造的C–10型船，总长275.13米，垂线间长260.80米，型宽39.4米，型深23.6米，设计吃水深度11.0米，结构吃水深度12.5米，总载箱量4 340 TEU，舱内装9层，甲板5层。其上层建筑位于艉部三分之二的位置。主机功率41 900千瓦×95转/分，服务航速24.0节/时。

C–10型集装箱船为单层连续甲板，具有短艏楼的平甲板型，前倾艏柱带水滴形球艏，全宽甲板，方形船艉，单螺旋桨，单半平衡舵，低速柴油机驱动的全格栅式集装箱船。机舱位于约四分之三艉部（中后机），上层建筑7层甲板室位于机舱上方。全船共8个货舱，机舱前6个，机舱后2个。第1货舱前，在艏楼甲板后端设有高大的挡浪板。舱内可装8层12列集装箱，舱盖上可装4 ～ 5层16列集装箱，所有舱盖上均可装载40英尺集装箱。

> 图111　超巴拿马型集装箱船

自20世纪90年代初，美国总统轮船公司的C-11s型（4 800 TEU）集装箱船投入东西主干航线和部分南北航线后，超巴拿马级集装箱船就成为各船公司的主力船型。

1996年1月，丹麦马士基航运公司的“马士基女王”号集装箱船投入运营，这是一艘被冠以超级后巴拿马级称号的集装箱船。“马士基女王”号装载量为6 000 TEU，但实际上可装载近7 000 TEU。该船的设计创下了多个第一：

- 第一艘装载超过6 000 TEU的集装箱船；
- 第一艘可装运1 400 TEU冷藏箱的集装箱船；
- 第一艘在甲板堆放17排和舱内堆放14排集装箱的船；
- 第一艘宽度超过43米的集装箱船；
- 第一艘长度超过300米的集装箱船。

新巴拿马型集装箱船

扩建后的巴拿马运河可通过船长366米、宽51.25米、吃水深度14.63米的船舶，使得运河运能大大提高。

2011年，中国为加拿大西斯潘船舶管理公司设计建造的“HANJIN”号（10 000 TEU）集装箱船交付使用。该船是新一代宽体新巴拿马型集装箱船，以经济、安全、环保、舒适为设计理念，是一艘“节能型万箱船”。

“HANJIN”号集装箱船长337米，垂

> 图112 新巴拿马型集装箱船——“HANJIN”号（10 000 TEU）

线间长320米，型宽48.2米，比之前同级别的船舶更宽。船宽加大之后，大大增加了载货量，提高了营运经济性；而长宽比的减小，则有利于提高船舶的回转性能。

该船型深27.2米，设计吃水深度13.0米，结构吃水深度15.2米，载重量115 300吨，排水量更是达到12万吨，可装载10 100 TEU集装箱。

船上共设9个货舱，其中7个货舱布置在机舱前部，共提供30个标准集装箱箱位；2个货舱位于机舱后部，提供10个标准集装箱箱位，货舱区设置抗扭箱。货舱内可堆放17列10层集装箱，甲板上可堆放19列9层集装箱，配置1 000个冷藏箱插座，上甲板设2层绑扎桥。1～6号货舱可装载危险品。采用吊离式舱口盖，每个舱口盖由3个面板组成，每个面板重量小于47吨，由岸边起重机操作。

> 图113 绑扎桥

该船采用超大直径低转速螺旋桨，有效提高了推进效率；采用变频机舱通风系统和海水冷却系统，有效降低运行成本。采用集成式舱底水系统、废水焚烧功能、泄漏监测、压载水处理装置、中压岸电系统和空气密封的尾管密封装置，满足最新环保要求，能效指数（EEDI）达到最高标

> 图114 巨大的驾驶舱

> 图115 先进的雷达设施

> 图116　巴拿马型运河河闸

准，满足排放控制区的航行要求。

驾驶舱安装了自动操作的“HANJIN”号“眼睛”（雷达）、“耳朵”（风速风向测试仪）和“嘴巴”（汽笛喇叭）等设备。

船上设有船长室、餐厅、厨房、宿舍、会议室、活动室等功能区。船长室由工作室、休息室和卫生间组成，办公室里配有办公桌、电脑、沙发等设施。

3E级集装箱船

马士基航运公司多年来一直引领集装箱海运的发展，旗下的集装箱船也越造越大，不断打破自己“前辈”保持的世界纪录。3E级集装箱船总长400米，宽59米，总高73米，主甲板相当于3个足球场那么大，从船底至船楼有12层建筑那么高，可装载18 000 TEU。

这些集装箱足以装下1亿100万双运动鞋，如果把这些运动鞋一双一双叠起来，高

小贴士

巴拿马运河

巴拿马运河位于南美洲的巴拿马，总长82千米，最宽的地方达304米，最窄的地方也有152米。巴拿马运河沟通了大西洋和太平洋，是重要的航运要道，使欧洲到太平洋的海上航程大为缩短。大家经常听到的巴拿马型船、超巴拿马型船就是根据巴拿马运河来设计的。

巴拿马型是专门设计能通过巴拿马运河船闸的大型船只，位于巴尔博亚的美洲大桥限制了船舶高度。因此，通过巴拿马运河的船只都受到巴拿马运河船闸闸室的严格限制，最大尺度为：船长294.23米，船宽32.2米，吃水深度12.0米。

2006年10月22日，巴拿马运河管理局对巴拿马运河进行了扩建，工程于2014年完成。扩建后的巴拿马运河大大增加两座船闸的运能，现在13 000 TEU的集装箱船可以顺利通过。

> 图117 第一代3E级集装箱船

度可达47千米。从上海运往鹿特丹全程需要25天，消耗约2 006立方米燃料，相当于每双鞋分摊约11毫升燃料。也就是说，运输1吨货物1千米仅排放3克左右的二氧化碳，单位集装箱产生的二氧化碳排放量比E级船（即超苏伊士型集装箱船）减少20%。

马士基3E级集装箱船放弃了以前超大型集装箱船固守的单机单桨设计，而改用双机双桨。该船使用2台MAN B&WS系列超长冲程柴油机，并设置废热回收系统；双桨设计使得单个桨叶的直径得以减小，对减小船舶吃水有利。同时，双桨设计也使得船艉部的线型更加饱满，增加了载箱量。

> 图118 双机

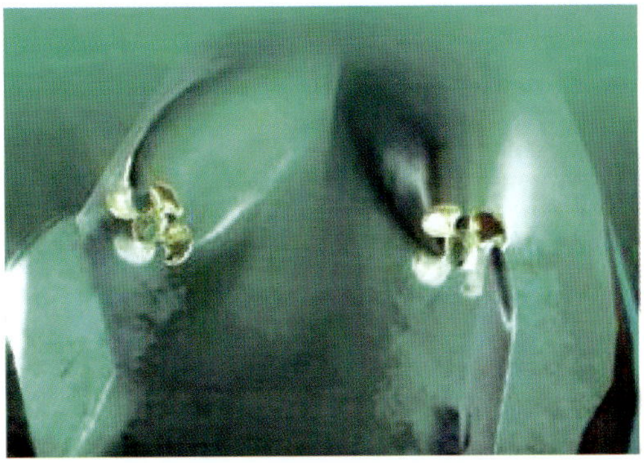

> 图119 双桨

为了在不过多增加船长的基础上，尽可能多地装载集装箱，该船船体采用U型设计，接近方形，好处是舱内可装载更多的集装箱，而堆放层数更低。因此，3E级比E级仅长4米、宽3米，却可多装载2 500 TEU，装箱量增加了16%。

一般集装箱船的甲板室和烟囱布置在船舯部，封闭式驾驶桥楼位于甲板室顶部。而3E级船采用双岛布置，即甲板室相对更靠前，机舱则位于船后部，烟囱位于机舱上方，这样的布置可使驾驶桥楼前方的集装箱可堆叠得更高，同时仍能保持足够的视野。相比其他大型集装箱船，3E级集装箱船的油耗量可减少50%以上，每只集装箱营运成本降低了26%。

第一代3E级集装箱船掀起的世界集运

> 图120 U型船体

业大船“军备竞赛”还没结束，2015年马士基航运订造的11艘第二代3E集装箱船又将竞赛推向高潮。

第二代3E集装箱船最主要的变化是将驾驶台往前移动了2个箱位，烟囱往后移了1个箱位，从而能够多装载一层箱子；并将原来采用的8缸机改为更“小”的7缸2×7G80ME主机，可腾出更多的载货空间。另外，第二代3E级的吃水深度以及型深在设计上进行了一定的优化，使得其能有更多的空间来装载更多的集装箱。

第一代3E船型深为30.3米；第二代3E船型深达到了33.2米。

比起同类型船舶23～26节的运营航速，第二代船的19节航速被认为是最佳航速，尽管该系列船的最高航速可达到25节，但比起最高航速航行，20节航速航行可以减少37%的燃油消耗，而17.5节航速的燃油消耗量则可以减半。每艘船的二氧化碳排放量比亚欧航线上航行的船舶减少50%。该系列船使用的“从摇篮到摇篮”的设计理念使船舶寿命结束时更容易拆解。

虽然目前的集装箱船最大可载箱量已经突破了21 000+TEU，但实际上最大载箱量的纪录从未达到过。马士基第二代3E级超大型集装箱船“Mumbai Maersk”号在马来西亚丹戎帕拉帕斯港装载了19 038 TEU，创造了集装箱船最大运力的世界纪录。之前的18 215 TEU的记录也是由第一代3E级船“Madison Maersk”号创造的。

那么，3E代表什么呢？ 3E即3E级集装箱船设计理念，第一个E（Economy

> 图121　机舱位置更靠后的双岛布置

> 图 122　第二代3E级集装箱船“Mumbai Maersk”号在丹戎帕拉帕斯港靠泊装箱

of Scale）代表规模带来的经济性，就是说一次就能运走18 000个集装箱；第二个E（Energy Efficiency）是能源效率，3E级集装箱船比其他能效最高的船可减少大约20%的能耗；第三个E（Environmentally Improved）是环境绩效，由于能耗减少了，碳排放量也相应减少了20%。

4E级集装箱船

中国自主设计并建造的20 000 TEU集装箱船是新一代4E级超大型集装箱船，总长约400米，型宽58.6米，型深30.5米，设计吃水深度14米，设计航速为22.5节，最大载重量达19.7万吨，甲板面积比4个标准足球场还要大。这只是20 000 TEU船的外在，其内在更是有着众多创新元素：通过对船的线型、结构等方面的优化，使它成为低油耗、低排放、环境友好、各项经济

> 图 123　20 000 TEU 集装箱船

技术指标达到国际先进水平的绿色船型。

该船线型经过多轮优化，采用舵球、高效主机和推进装置等节能设备，能源效率和排放控制达到良好预期，能效设计指数（EEDI）值比基线值低50%以上，提前满足IMO有关碳排放的第3阶段的标准要求。

结构设计进行了多方面的优化，有效

控制了如绑扎桥、舱口盖等设备重量，轻量化设计效果明显；还预留使用液化气（LNG）燃料的装置系统，满足未来以最小代价进行双燃料改装的需要，具有GAS READY船级符号，符合未来更为严格的排放要求；还配备能效管理系统，可获得更优异的营运节能效果。

该船共有11个货舱，货舱内可堆放21列11层集装箱，最大装箱量8 482 TEU，甲板上设置3层绑扎桥，可堆放23列11层集装箱，可装载20英尺、40英尺、45英尺、48英尺、53英尺，以及高箱和欧洲宽箱等多种箱型，配置1 400个冷藏箱插座，甲板最大装箱量11 628 TEU，总箱量20 110 TEU。甲板上和货舱均可装载危险品。由于采用“双岛”布置，甲板上可堆叠更多的集装箱，也不影响集装箱船桥楼的可视性，极大地提高了装箱能力，具有“海上城堡”之称。

该船采用倾斜船艏、带球鼻艏、方型船艉、单层连续甲板，艏楼上设有挡浪板或防浪罩，宽舱口，设计航速20节以上。

> 图124 双燃料主机

> 图125 20 000 TEU集装箱船甲板载箱

4E船型的研发设计理念，即经济性、能源效率、环境友好型和建造经济性，切实提高船型的燃油效率和载货效率，从而提高船型的营运效率。较之3E集装箱船能有效减少10%的二氧化碳排放，平均一个集装箱所产生的二氧化碳排量为37克/海里，成为全球最环保的运输工具之一。

小贴士

船舶能效设计指数（EEDI）

船舶能效设计指数的设立是为了在未来为船舶建立一个最低能源效率的标准，它是船舶消耗的能量换算成二氧化碳排量和船舶有效能量换算成二氧化碳排量的比例指数。EEDI指数越高，能源效率越低。EEDI的基准值取决于船舶类型和船舶吨位的大小，船舶吨位越小，EEDI基准值就越大。EEDI折减率有四个阶段，其中对大于20 000总吨散货船EEDI折减率的要求是：2013—2014年底为零，2015—2019年底为10%，2020—2025年底为20%，2026—2030年底为30%。

数一数全球十大明星集装箱船

按目前船舶的载箱量来看，全球集装箱船排名如下。

第一名："地中海古尔松"号，23 000 TEU集装箱船

2019年7月世界上最大的集装箱船"地中海古尔松"号交付使用。这是地中海航运向三星重工订造的6艘23 000 TEU集装箱船中的第一艘船。该船总长400米、宽62米、高33.2米、吃水深度8.5米、最大载重量224 986.4吨。"地中海古尔松"号集装箱船可搭载集装箱24行，每行24列，舱盖上下各12层，这样的布置相较于其他超大型集装箱船能增加大约1 500个集装箱的箱位，可装载23 756个20英尺集装箱，悬挂巴拿马国旗。

该船配备了由德国MAN Diesel & Turbo公司生产的G95ME-C9.5超强动力主机，油耗少，并安装了脱硫塔，大大降低二氧化碳排放。

这艘于2019年7月4日下水的海上巨轮投入了2M联盟的亚欧航线Silk/AE10航线运营。

2019年7月8日，世界载箱量最大的集装箱船舶"地中海古尔松"号在天津港正式开启首航之旅。从天津新港启航，沿路挂靠中国青岛港、宁波港、上海港、盐田港等港口，后经新加坡前往欧洲，途经阿尔赫西拉斯、不来梅哈芬、格但斯克、加里宁格勒、鹿特丹等港口，最后抵达波兰的格但斯克港。

> 图126 23 000 TEU"地中海古尔松"号集装箱船

图127 天津港启航

"地中海古尔松"号此番服役拉开了新一代23 000 TEU集装箱船投入运营的序幕，并打破了东方海外旗下的"东方香港"号21 413 TEU集装箱所获得的吉尼斯世界纪录。

第二名："东方香港"号集装箱船，21 413 TEU

这艘船属于香港东方海外国际航运公司，被命名为"东方香港"号。该船的船体足足有四个足球场大，长400米、宽58.8米，总吨位达210 000吨，型深32.5米，可以携带21 413个20英尺的集装箱。该船于2017年5月12日在三星重工巨济岛船厂正式命名交付使用，负责亚洲和欧洲之间的贸易往来。

下面让我们来感受一下这艘超级集装箱船的魅力和风采：

- 通往船内的甲板通道，足有300米

图128 21 413 TEU"东方香港"号

> 图129　一眼望不到尽头的甲板通道

长，一眼望不到头。

- 生活区到机舱的安全通道需走8分钟，可见这通道有多长啊！

> 图130　生活区到机舱的安全通道

- 船舶采用了11S95ME主机，走进机舱看看船舶的心脏——主机有多大？请看机器旁的工作人员。
- 空气冷却器将吸入的空气进行冷却，可提高燃烧效率。

“东方香港”号服务亚欧地区的LL1

> 图131　船舶的心脏——主机机体

> 图132　主机空气冷却器

航线，其挂港次序为：上海→宁波→厦门→盐田→新加坡→经苏伊士运河→费利克斯托→鹿特丹→格但斯克→威廉港→费利克斯托→苏伊士运河→新加坡→盐田→上海，航运周期为77天。

第三名："中远海运宇宙"号集装箱船，21 237 TEU

2018年6月12日由中国自主研制建造的最大级别集装箱船"中远海运宇宙"号在上海正式交付使用。总长400米，船宽58.6米，型深33.5米，总高72米，相当于24层楼高，最大载箱量21 237 TEU。

"中远海运宇宙"号配备了超长冲程高效主机、高效螺旋桨及节能装置；对船体线型和舵桨进行多航速、多吃水的线型优化设计，达到优异的水动力性能和经济性指标；配备的机舱监测报警系统、能效管理系统和闭路电视监控系统等多种设备，可对全船各关键部位的运行状态进行实时监控，实现无人机舱；驾驶室集合了最先进的航行控制系统、全船局域网系统及船岸卫星通信系统，可以确保船舶在全球海域的安全航行和船岸信息交流。

"中远海运宇宙"号在研发过程中充分体现了绿色、环保的理念，突破了超大型集装箱船的结构设计的关键技术，提前

> 图133 21 237 TEU"中远海运宇宙"号

达到URS11A、URS34的结构规范统一要求。首次在超大型集装箱船上采用智能系统，并取得中国船级社的i-ship（N、M、E、I）的智能符号。此外，还获得英国劳氏船级社的GR［A、S、E（M）］和挪威、德国劳氏船级社的GAS READY（D、Mec、S）的双燃料船级符号，满足将来以最小代价进行LNG双燃料改装的需求，适应未来市场发展趋势。“中远海运宇宙”号作为中远海运集装箱船队的核心旗舰，主要运营亚洲到欧洲的航线，将成为“海上丝绸之路”的新使者和新名片。

第四名：“马德里 · 马士基”号集装箱船，20 568 TEU

2017年4月“马德里·马士基”号集装箱船在韩国大宇造船交付使用，为第二代3E级集装箱船。“马德里·马士基”号集装箱船长399米，宽58米，型深33.2米，载重吨190 326吨，最大载箱量达到了20 568 TEU，比第一代3E级集装箱船的载箱量足足增加了12%，首航天津港。

第五名：“MOL Triumph”号集装箱船，20 170 TEU

2017年3月27日，商船三井的20 170 TEU集装箱船“MOL Triumph”号是全球首艘投入运营的超过20 000 TEU集装箱船，率先开启20 000 TEU集装箱船的新时代。

“MOL Triumph”号集装箱船长400米、宽58.8米，该系列共建造4艘。船上

> 图134 20 568 TEU“马德里·马士基”号

> 图135 20 170 TEU“MOL Triumph”号

使用了如低摩擦防水漆、高效螺旋桨和船舵等先进的节能设备，还留有未来改装为LNG动力船的系统，提高了能效，减少了二氧化碳排放。与14 000 TEU级集装箱船相比，每个集装箱可以减少约25%～30%的燃料消耗和二氧化碳排放，提前达到国际海事组织2020年生效的硫排放新规。

第六名：“中远海运金牛座”号集装箱船，20 110 TEU

2018年1月27日，“中远海运金牛座”号正式命名交付，这是中国自主研发设计、建造的20 110箱集装箱船首制船。总长约400米，型宽58.6米，型深30.5米，设计吃水深度14米，设计航速22.5节，甲板最大装箱量11 628 TEU，货舱最大装箱量8 482 TEU，总箱量20 110 TEU。

为了满足高船舶能效及低能耗的要求，“金牛座”号采用倾斜船艏、带球鼻艏、方型船艉、全平衡舵及单层连续甲板设计，由单桨柴油机驱动，主发动机和四台辅助发动机都配置了ABB涡轮增压器。同时也具备在未来改装为LNG作动力驱动的条件。

该船的一大亮点是采用智能船舶能效管理系统，可自动判断停泊、机动航行、定速航行状态下的能耗状况，当能耗指标实时值超过设定限值时，系统将自动报警，并将船舶状态数据自动传输到

> 图136　20 110 TEU“中远海运金牛座”号

Marorka online数据库中，为实现“智能船舶”迈出了新的一步。

“中远海运金牛座”号主要运营于亚欧航线或泛太平洋航线，它的成功建造标志着中国已经进入世界造船先进行列，将逐步实现由技术跟随者到创新领跑者的转变。

第七名：“MSC DIANA”号集装箱船，19 472 TEU

地中海航运公司的DIANA系列集装箱船共有6艘，由三星重工建造，2016年6月交付使用，船东为挪威的Ocean Yield ASA与Quantum Pacific Shipping合资公司。

> 图137　19 472 TEU“MSC DIANA”号

该6艘船舶都将长租给马士基航运轮船公司，租期为15年。

该系列船长399.9米，宽58.8米，型深30.2米，载重吨为202 036吨，载箱量为19 472 TEU。

第八名：“MSC OSCAR”号系列集装箱船，19 224 TEU

由韩国玉浦大宇船厂建造的“MSC OSCAR”号系列集装箱船包括MSC Oscar、MSC Oliver、MSC Zoe等共计12艘，该系列船舶最大载箱量为19 224 TEU。

该系列集装箱船在全球首次配备了PURE DRY装备，在降低燃耗的同时也减少了二氧化碳排放量，为环保型船舶。

第九名：“中海环球”号系列集装箱船，19 100 TEU

“中海环球”号系列集装箱船共有5艘，分别为“中海环球”“中海北冰洋”“中海大西洋”“中海太平洋”“中海印度洋”，由韩国现代重工建造，最大载箱量为19 100 TEU，2014年11月18日投入运营。

“中海环球”号集装箱船长400米，宽58.6米，深30.5米，是该系列船的首艘交

> 图138　19 224 TEU集装箱船

> 图139　19 100 TEU集装箱船

付船，曾一度摘得世界最大集装箱船头衔。“中海环球”号现投入亚欧环线运营。

第十名：“BARZAN”号集装箱船，18 800 TEU

2015年4月29日，阿拉伯航运公司的18 800 TEU LNG动力船正式被命名为“Barzan”号，投入阿拉伯轮船公司的亚欧航线AEC1上。

“Barzan”号集装箱船船长400米，宽58.68米，深30.6米，是阿拉伯航运公司6艘“A18”级大型集装箱船中的第一艘。

> 图140　18 800 TEU集装箱船

小贴士

地中海航运有限公司

地中海航运有限公司（Mediterranean Shipping Company S.A., MSC）成立于1970年，在世界十大集装箱航运公司中排名第二，业务网络遍布世界各地。开业初期，地中海航运只有几艘普通货船，时至今日，其已拥有240艘集装箱船。事实上，无论依据船只数目，还是依据载运能力，地中海航运都稳居全球第二位。

小贴士

国际信号旗

国际信号旗是供船与船、船与岸之间通信联络用的旗帜，共有40面，分别有：表示字母的26面字母旗，表示数字0至9的10面数字旗，代替字母旗或数字旗的3面代旗，1面回答旗。

国际信号旗按《国际信号规则》的规定使用。比如每一单字母旗（除R旗）均有其含义，如“B”表示“我船正在装卸或载运危险货物”，“I”表示“我正在向左转向”等。“R”仅作为一个程序信号，意思是“收到了”或“我收到了你最后一个信号”。

ATLANTIC STAR

第3章

走进科技巨兽

——集装箱船的构造

伴随机械动力船的兴起，各式各样的货船，装载各类货物，在海上穿梭航行，使国与国之间的贸易频繁起来。但是与日俱增的货物量，已使货船呈现不胜负荷的窘态，于是一种新兴的货船——集装箱船，趁势崛起。这种船身体细长，但肚量很大，可容纳成千上万个集装箱。集装箱船兴起至今不过才50多年，却承揽了一半以上货物的海上运输任务。

集装箱运输的优势与集装箱船概貌

集装箱运输的优势

以往担任海上运输商品重任的杂货船，装货过程很麻烦，每装好一种货物就在该货物四周钉好木板，固定货物，并和其他不同种类的货物隔开来，往往要花上数个星期，甚至一个月的时间才能装完货。

如今的集装箱船就不那么麻烦了，现代化的港口码头拥有宽广的腹地，货物预先在陆地上分门别类装入集装箱中，由集装箱卡车拖到港口，再分门别类排列在码头旁的集装箱集中处，当然，每个集装箱都会标识清楚里面的东西有多重，是属于哪一家公司所有，准备送到什么地方去，这样才不会搞混。岸边的吊车、吊架等机械装置一应俱全，只等集装箱船进港，马上就可以进行装载货物的程序。依据上下堆叠的顺序，被轻易地吊运到船舱。装卸一个箱柜只需花费一分钟的时间，一船货物在很短的时间内就能完成装载。

> 图141　现代化的港口码头

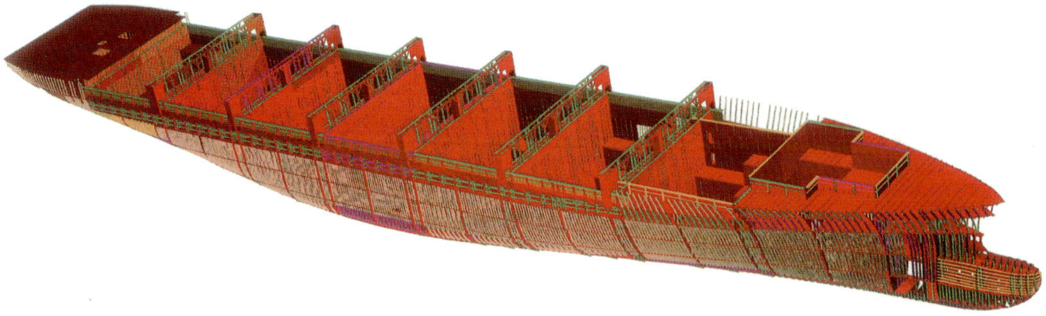

> 图142　细长身材的集装箱船

每一个集装箱至少有一二十吨重，根本没有办法用人力来搬运，一定得借助起重吊机。大型港口都设有这种可活动式的起重机，吊车的吊架是按集装箱的尺寸设计的。操作人员将吊架的四角准确无误地套在集装箱的四个角，稳稳地把笨重的集装箱吊起来，根据电脑事先计算安排放置的位置，轻巧地将一个个集装箱对号入座，成千上万个集装箱在机械的代劳下很快就安放好了，这样整艘集装箱船就不会艏重艉轻或左重右轻而影响航行的安全，同时又节省了大量的人力和时间。

集装箱船具有快速装卸的特性和规模优势，因而应用越来越广泛，船也越造越大。集装箱船的航速很快，一般为20节，有的甚至高达30节以上。这是因为它拥有比一般货船还细长的船身，可以减少在海上航行的阻力，另外较大的主机功率可加快航行的速度。集装箱船的舱口很大，不仅增加装货空间和载箱量，而且舱内还设计有格槽式导架，可以方便装卸和固定集装箱，整齐又不会移动，这些优点都不是杂货船所能比拟的。

集装箱船各部位名称

喂？你在船上哪个部位？

在船上生活和工作过的人都有被对讲机呼叫的体验，现代的集装箱船的体形如此巨大，舱室如此众多，以至于无线和有线呼叫设备必不可少。现代的集装箱船日益大型化，除了装载货物的货舱之外，还有很多其他不同功能的区域。当我们走进金茂大厦时，我们脑中第一个念头肯定是想，在金茂大厦里面有些什么东西？具体的划分是怎样的？各部分有什么用处？是做餐饮的还是金融的，是办公的还是用来观光的？如此等等。

那么集装箱船的区域是怎么划分呢？它大致可以划分为：船艏、船舯、机舱、机舱棚、甲板室和船艉。

船艏区域包括球鼻艏、艏尖舱、艏楼甲板、舷墙、艏侧推和挡浪板，小型集装箱船一般不设置挡浪板。

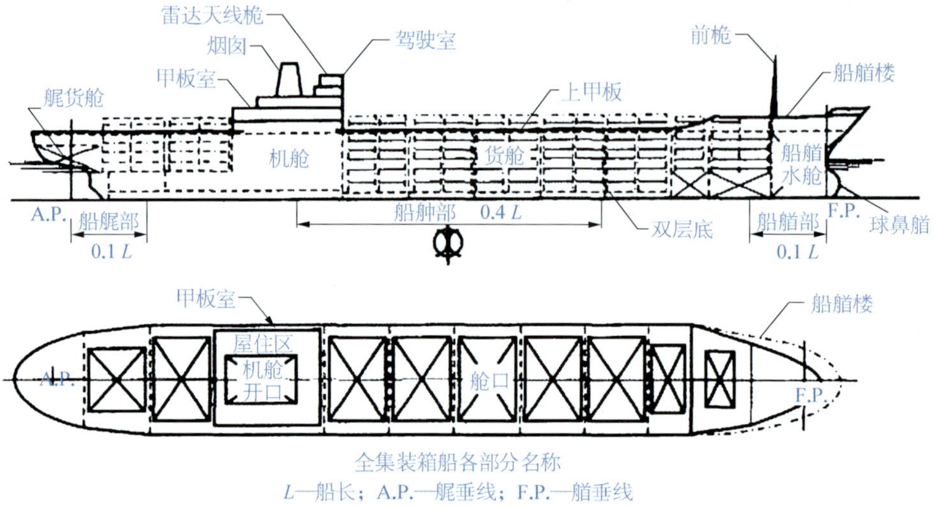

全集装箱船各部分名称

L—船长；A.P.—艉垂线；F.P.—艏垂线

> 图143 集装箱船布置示意图

1–艉封板；2–救生艇；3–舵和螺旋桨；4–双层船壳的油柜或水舱；5–主机；6–生活区；7–伙食吊；8–20英尺集装箱；9–40英尺集装箱；10–甲板通道；11–双层底；12–艏侧推舱；13–球鼻艏；14–第1行

1–舵；2–螺旋桨；3–船艉；4–40英尺集装箱；5–20英尺集装箱；6–舷梯；7–引水员门或加油站门；8–集装箱导轨；9–第11列；10–第4列；11–第8层；12–边舱；13–二甲板通道；14–固定堆栈；15–可移动堆栈；16–15号箱位；17–6号箱位；18–第86层；19–危险品货舱；20–集装箱支座；21–防浪板；22–球鼻艏

> 图144 集装箱船各部位详解图

船舯区域主要布置装载集装箱的货舱、压载水舱、双舷侧、横舱壁和管弄。

机舱是布置机器的处所，一般布置有各类油舱、水舱、机舱双层底、轴遂、集控室和一些功能性舱室等。

机舱棚主要用于容纳主机和辅机进、排气的烟囱。

甲板室也就是我们常说的上层建筑，是船舶的最高建筑，它分为多层，主要布置船员舱室和一些生活、驾驶、安全和通信方面的功能性处所。

艉部区域有艉货舱、艉尖舱、舵机舱、艉柱和螺旋桨等。

小型集装箱船机舱棚和甲板室是布置在一起的。现在的大型集装箱船一般采用双岛布置，也就是机舱和机舱棚布置在艉部，甲板室布置在船舯，通过双舷侧的上甲板下面的通道连通。

上甲板布置了数量众多的操纵船舶的设备。

集装箱箱位

对装载数以万计集装箱的集装箱船来说，在运营的过程中，还需要从不同的港口装载货物，也需要在不同的港口卸载货物。因此，集装箱的配载非常重要，集装箱的装载位置都用配载仪统一安排。对于每一个集装箱，需要提供给配载仪一个坐标进行定位。

国际上有一个通用的集装箱编号规则：

船长方向——行（bay）；

船宽方向——列（row）；

高度方向——层（tier）。

为方便码头吊装工作人员区分，船上都有明显的行、列标记。

箱位号由6位阿拉伯数字组成，是表示每个集装箱在船上的准确位置，这6位数字反映了箱子在船舶上的本位空间坐标。前2位表示集装箱的排号/行号，中间2位表示集装箱的列号，后2位表示集装箱的层号。

排号/行号的表示方法

原则：20英尺的集装箱排位号为奇数；40英尺的集装箱排位号为偶数。箱位纵向坐标的“行号”是指集装箱在船舶纵向自艏向艉的排列顺序号。当20英尺箱位上被用于装载40英尺集装箱时，则该40英尺集装箱位的行号是以介于所占的两个20英尺箱位的奇数行号之间的一个偶数表示。

列号的表示方法

原则：列号是从船舶中间列算起（即以中纵剖面为基准），分别往左右两边走，按“左偶右奇”的原则，左半部分的列号用从小到大连续的偶数来表示，右半部分的列号用从小到大连续的奇数表示。

船舶左半部分自船舯向左舷边的列号分别为02、04、06、08。

船舶右半部分自船舯向右舷边的列号分别为01、03、05、07。

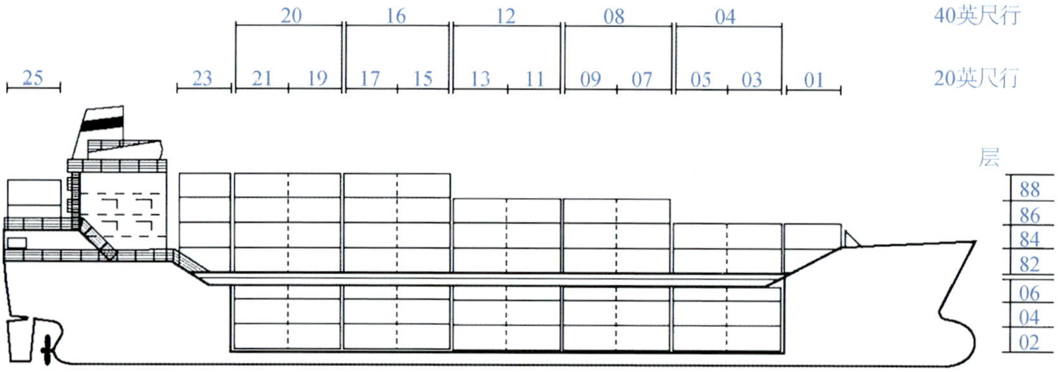

> 图145　集装箱位置示意图（一）

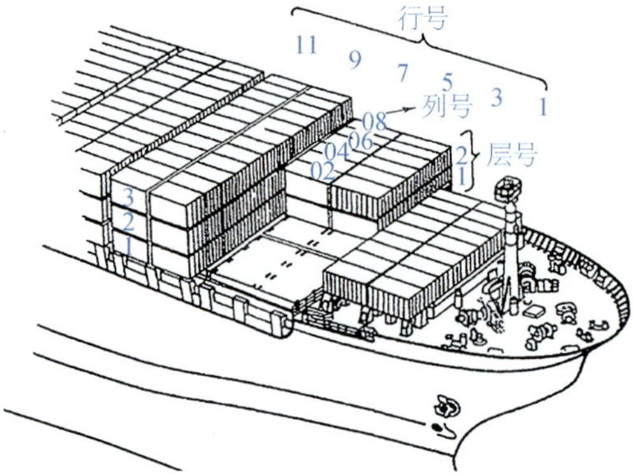

> 图146　集装箱位置示意图（二）

> 图147　集装箱排列

1–57+59（奇数）行，20英尺集装箱；2–58（偶数）行，40英尺；3–02+04行（偶数）左舷；4–00行；5–01+03行，右舷（奇数）；6–40英尺集装箱

强壮的体魄

船体布置及结构

集装箱船如何浮在海洋中

我们知道，船舶是自带动力漂浮在海洋上的大型建筑物。现在最大的集装箱船长度已达400米，宽度63米，大型集装箱船自身钢板的重量已经达到42 000吨，加上自带设备和一些附属品，空船的重量已经超过55 000吨。

船虽然坚固安全，可是大大的船身有上万吨重，怎么能够浮在海面上航行而不会下沉呢？实际上，只要给予船身有足够大的空间，它就有足够的浮力来承载庞大沉重的船体，使其不会下沉。

在大海中航行的船只，因为受到海浪的影响，船体非常容易倾斜，这时如果船本身无法自行恢复正立，船便会翻覆。因此造船工程师在设计船体时，便依据对称原则，让船体各部位的重量平均分配，另外在船的两侧和船底都设有压载水舱，用

> 图148 大舱口的集装箱船

来降低集装箱船的重心，并调整因货物重量不平均所造成的船身倾斜，使船能正浮在水上。这样一来，可以增加船体的平稳度，即使在波涛汹涌的大海中，船也能像不倒翁一样平稳不倒。

下面我们走进一艘集装箱船，从船艏开始到船舯逐渐走到船艉，最后来到甲板室，慢慢审视每个部分的构成，体会每一个设备的功能，揭开这个现代科技巨兽的神秘面纱。

船体结构

船壳即船的外壳，船壳由许多块钢板焊接而成，是集装箱船最基本的构件，它和甲板一起确保船体水密，与船体骨架一起共同确保船体的强度和刚度。位于船底平坦部分的各列板称为船底列板，列板是由钢板逐块端接而成的连续长条板。位于船体纵中线的一列船底板称为平板龙骨。由船底过渡到舷侧的转圆部分称为舭部，该处的列板称为舭列板。舭列板以上的列板称为舷侧列板，其中与上甲板连接的列板称为舷顶列板。

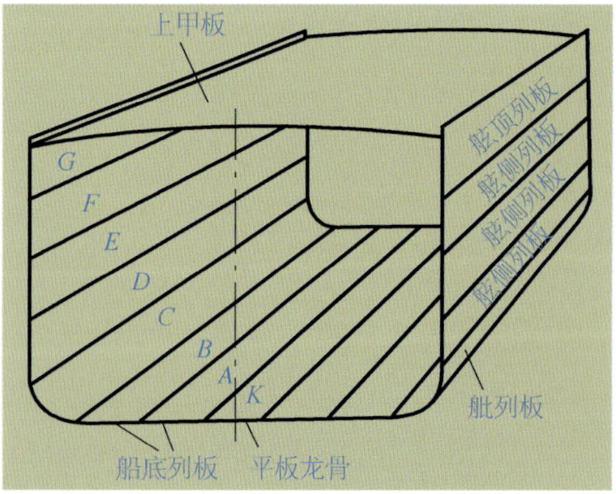

> 图149 船壳的构成

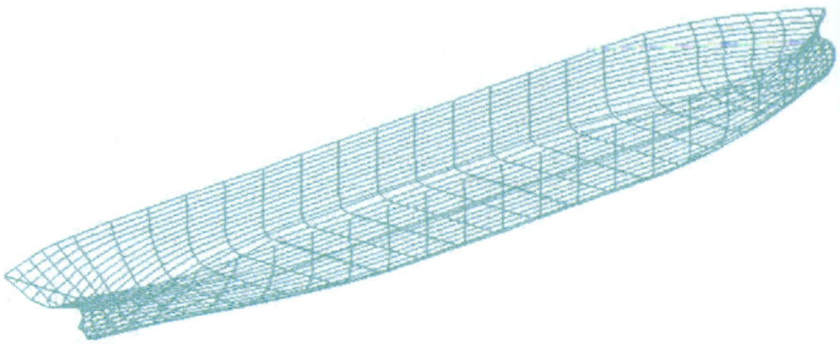
> 图150 流线型的船壳

船还承担着降低航行阻力的重要职责，集装箱船由于其高速性的要求，整个船体设计成狭长形，船艏和船艉都非常瘦削，平行舯体较短，整个船壳需要经过严格的水池试验验证，使整个外壳成光滑的流线型。

船艏结构

小时候，我们都有折纸飞机和纸船的经验，都会把它们折成箭头的形状，这是为了减少空气和水的阻力，利于纸飞机和纸船向前进。

船舶航行时，船艏经常受到波浪的冲击，以及水面漂流物和靠/离码头时的碰撞，因此其结构需特别加强。

集装箱船的船艏包括防撞舱壁、球鼻艏、测深仪计程仪舱、艏尖舱、水手长储藏室、锚链舱、艏楼甲板、艏部舷墙和少量功能性舱室等，这些组成部分和一般船舶在构成上类似，区别在于：集装箱船艏部结构设计成大外飘的形状，起到阻止风浪上甲板的作用。为防止甲板上浪损坏设备和货物，在船艏部还设有艏侧推舱、防撞舱壁和挡浪板，艏楼甲板设计成由整个

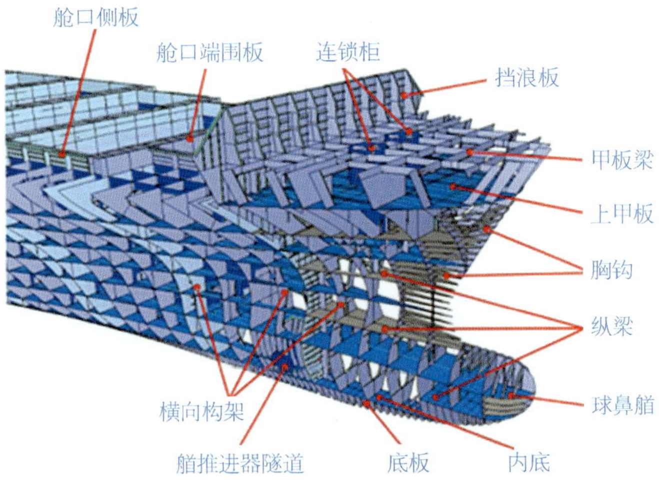

> 图151 船艏结构

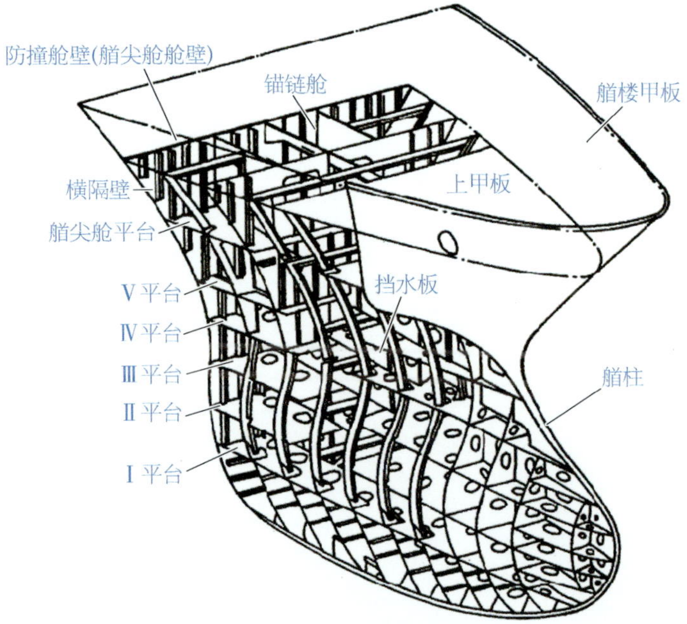

> 图152 防撞结构

罩壳抱住的防浪罩。

防撞舱壁是最前一道的水密舱壁，又称艏尖舱舱壁，当艏部结构破损时，防撞舱壁就是船舶的第一道防线。

球鼻艏处于船的最前方，利于破浪，减少兴波阻力。它是船舶经过水动力设计的流线型的构建。

测深仪计程仪舱为单壳结构，布置在

> 图154 球鼻艏结构

> 图153 球鼻艏

> 图155　艏部甲板

艏部最低的位置，位于船底的船壳板上，靠近防撞舱壁处，内设排水系统。

船舶的艏楼甲板面积较大，容纳了很多设备，是兼具多种功能的区域。艏楼甲板也是安装锚机的位置，在两侧有两个锚眼圈，远远望去就像是船舶的眼睛。

> 图156　挡浪板

当船舶在恶劣的气象条件下航行时，巨浪将翻上船艏，拍击到集装箱。为了保护艏部堆装的集装箱不受海浪的破坏而发生货损，艏部甲板通常设置挡浪板。为迅速排出翻上甲板的海水，挡浪板都成一定角度向船艏倾斜而不垂直于甲板平面，并左右对称地与中线面成锐角的人字形布置。

船舯结构

中横剖面

中横剖面是船舶设计中的一个重要概念，它主要显示船舯部总体框架和构件，也是评估船舶结构强度和后续船结构设计的主要依据。中横剖面一般由船的双层底、舷侧、横舱壁、舭龙骨等结构构成。对于集装箱船的舷侧来说，主要包括抗扭箱、纵舱壁和二甲板通道。

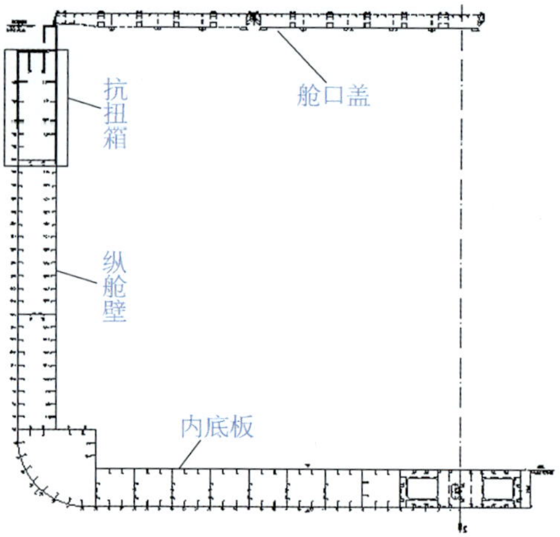

> 图157　中横剖面

中横剖面为了保证总纵强度和有效减轻空船自重，除在货舱区域、抗扭箱部位

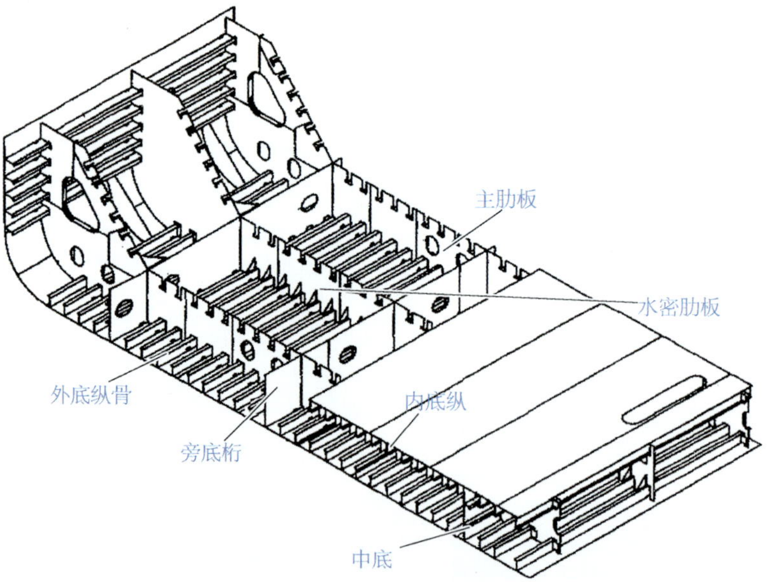

> 图158　底部结构

> 图159　实船底部

及双层底部位采用纵骨架制结构型式外，还将货舱区域的艏、艉端做成层列的阶梯形的纵壁结构。

底部结构

集装箱船的底部一般是双层底结构，双层底顾名思义就是两层钢结构构成的空间，这些空间构成了底部压载水舱，压载水主要用来调节船舶在水里的漂浮状态。在双层底的沿船中线的左右设置旁纵桁，构成一个水密的并和底部压载水舱隔离开的空间，这个空间在船舶术语上称为管弄。管弄从船舶的第一货舱联通到机舱双层底，管弄中主要布置从船艏到船艉的管路和电缆。

舷侧结构

舷侧结构是连接船底和甲板的侧壁部分，是船体保持几何形状和侧壁水密的重要结构，并保证了船体的纵向强度和横向强度。舷侧结构有横骨架式和纵骨架式两大类，再加上单舷侧和双舷侧，共有四种结构形式，集装箱船基本都采用双舷侧结构。主甲板和中间甲板之间为抗扭箱，采用纵骨架结构，抗扭箱下横向隔板是人行通道。

> 图160　实船舷侧

横舱壁结构

横舱壁不仅将船舶空间分隔成多个货舱，同时保证船体的横向强度和刚度。因此，横舱壁是保证船体横向强度和刚度的重要构件，也是船底、舷侧和甲板等结构的支座，它可使船体各构件之间的作用力相互传递。

横舱壁按其结构型式有以下三种：

平面舱壁——平面舱壁由平的舱壁板和扶强材组成；

槽形舱壁——槽形舱壁是将舱壁板加工成若干个平行的槽体；

箱型舱壁——由前后两层舱壁板及其内部平台、骨架，或一面舱壁板一面框架加平台，或两面框架加平台组成。

集装箱船基本采用箱型舱壁，又称双

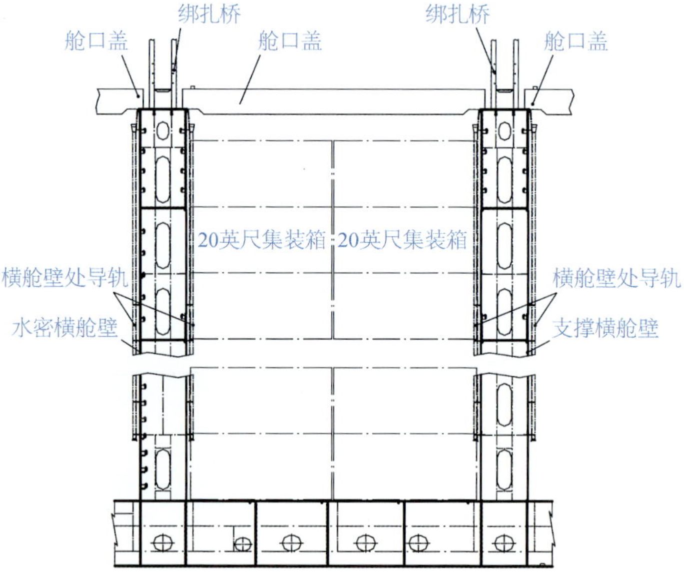

> 图161 横舱壁

> 图162 实船横舱壁

层舱壁，内部常设有人行通道、空舱，或安装通风、空调、制冷设备等。特别是超大型集装箱船，有着异于其他船型的鲜明特点，货舱开口较宽而且很长，整船的横向强度主要依赖于横舱壁。船体的扭转强度，尤其是货舱段的变形也因横舱壁而得到有效控制。

甲板结构

甲板是铺在船骨架上的钢板，将船体分隔成上（中）下几层。大型船舶的甲板可多至六七层，其作用是加固船体结构和便于分层配载及装载货物。不同船型的甲板类型有多种，大型集装箱船的连续甲板有两个：一个是上甲板，一个是舷侧箱体内的二甲板。

甲板边板是甲板板中自船艏至船艉有效的纵向连续构件，承受总纵弯曲应力，因此甲板边板的厚度厚于其他列板。

通常，上甲板就是强力甲板，其厚度在各层甲板板中最大，也是船舶总纵弯曲时起最大抵抗作用的一层甲板，作为船梁的上翼板组成部分，参与船体的总纵强度。上甲板是货舱集装箱进出的通道，又是大开口，因此每个开口都需要进行特殊的加强。

大型集装箱船的二甲板一般为干舷甲板，时有兼做连通船艏和机舱的通道。为了让人员、机器及装载物等出入船舱，在甲板上设有各种大小不同的开口，如机舱口、货舱口、人孔、梯口等。

机舱结构

机舱是容纳船用设备的主要处所，从结构来说，主要有各类油舱、水舱、机舱双层底，轴遂、集控室和一些功能性舱室等。集装箱船的机舱位置紧靠艉部，机舱内主甲板一般设置四层中间甲板，甲板的中间有一个比较大的开口，用于布置主机，每层甲板上都布置了不同的设

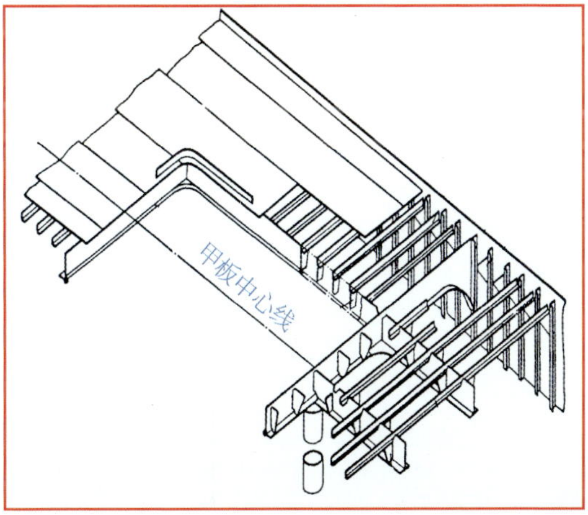

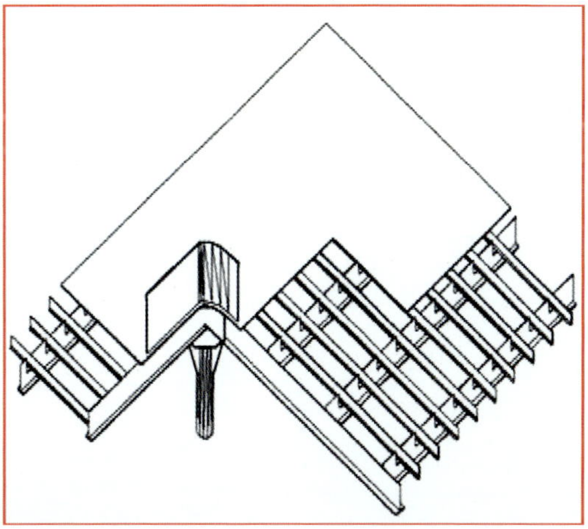

> 图163 甲板结构

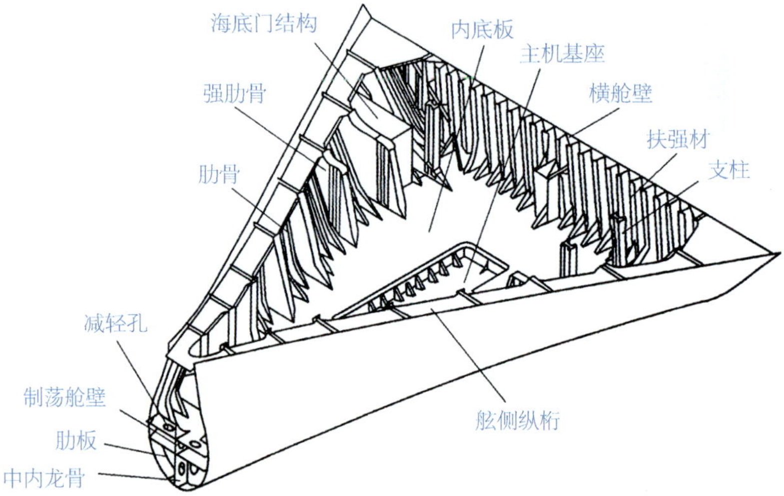

> 图164 机舱结构

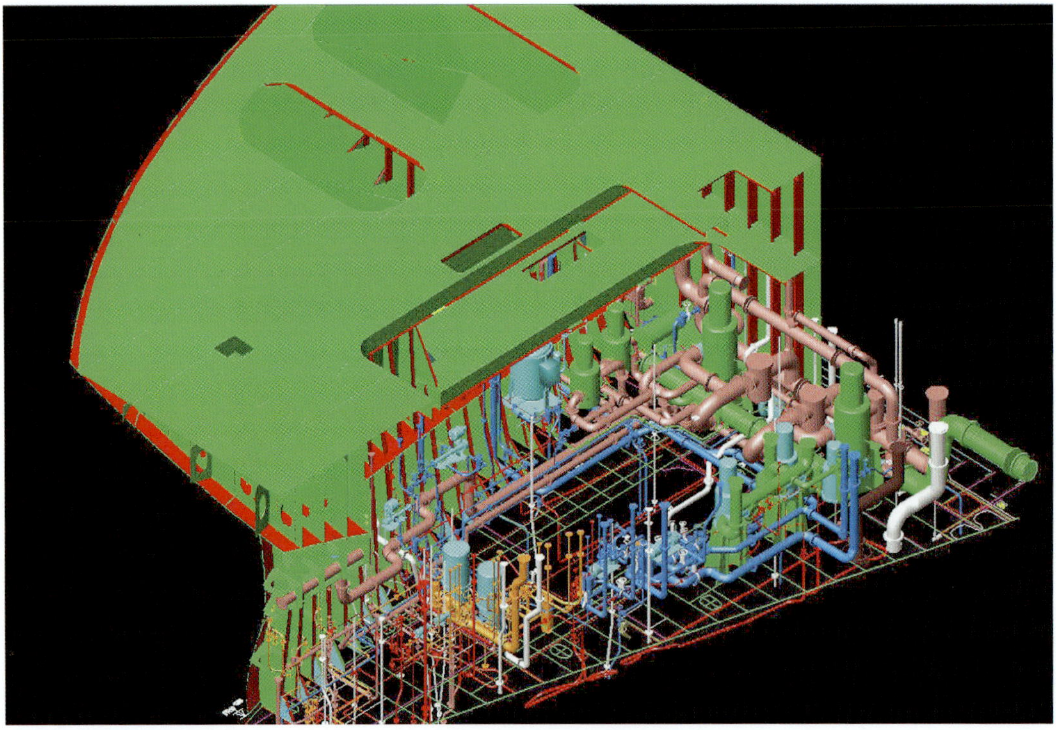

> 图165 机舱3D模型

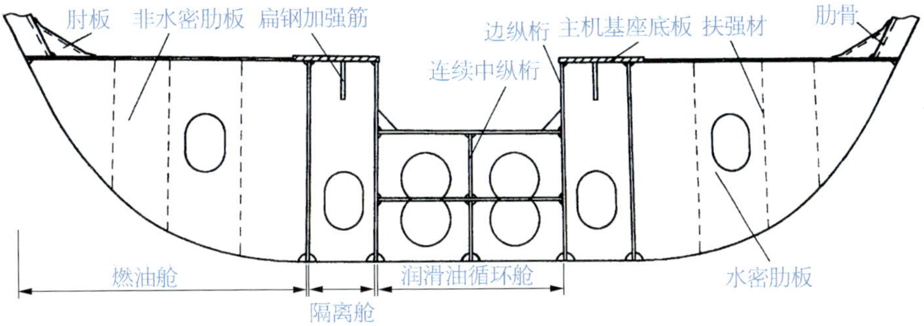

> 图166 机舱底层结构

备，甲板之间用斜梯连接作为上下的通道。

推进器轴从机舱通至艉端，中间要经过机舱后的舱室，尤其是中机型船的艉轴较长，一般要通过几个货舱。从机舱至艉端，艉轴分成好几节，用法兰盘连接起来，中间设置若干轴承支座来支持艉轴。因此，轴隧是用来保护推进器的轴。艉轴通至末端的艉室空间比轴隧宽敞，可以存放备用的中间轴。艉室靠近艉尖舱壁处设有应急通道，可以直通上层露天甲板。

甲板室结构

上层连续甲板上由一舷伸至另一舷的或其侧壁板离船壳板向内不大于4%船宽的围蔽建筑称上层建筑，即艏楼、桥楼和艉楼，其他的围蔽建筑称甲板室。

上层建筑与船舶的航行性能及居住条件密切相关，主要用于布置各种用途的舱室，如工作舱室、生活舱室、储藏舱室、仪器设备舱室等。

生活舱室包括客舱、船员居住舱、娱乐活动室和电影院等。驾驶室布置在甲板室的顶层。

> 图167 艉轴

> 图168 轴遂

> 图169　驾驶室

> 图170　甲板室结构

> 图171　集装箱船上层建筑

船艉结构

船艉部为一悬伸体，安装有桨、舵等设备，艉体内部设有艉尖舱、淡水舱、蒸馏水舱、应急消防泵舱和舵机舱等舱室，结构比较复杂。集装箱船都是采用方形艉。

在艉端的下部设有艉柱，用于支撑舵与螺旋桨，使其能有足够的强度与刚度，保证其正常工作，并保护舵与桨免遭损坏。

> 图172 船长室

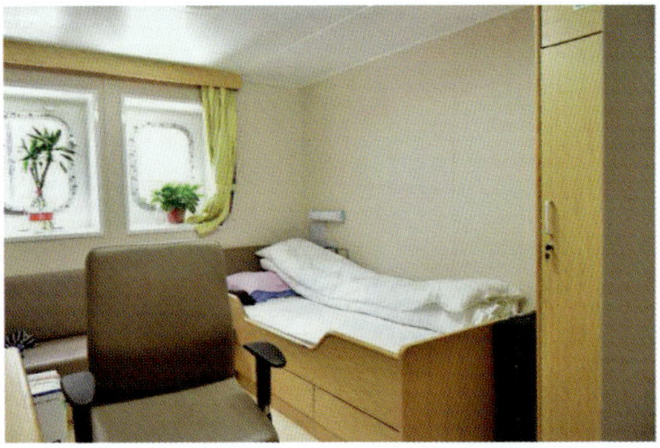

> 图173 不亚于邮轮标准间的船员房间

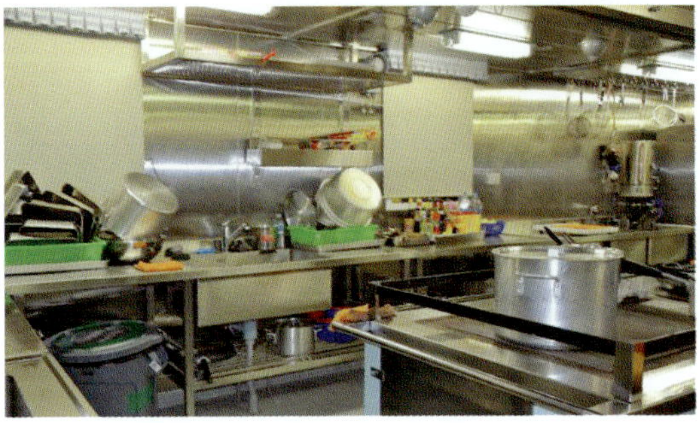

> 图174 船上厨房

> 图175 船上电影院

> 图176 船上运动健身活动室

> 图177 集装箱船方形艉

> 图178 船舶艉部

集装箱船的系统和主要设备

集装箱船是如何维持日常运转？这是因为它配备了完善的系统和数量众多的设备，这些系统和设备按照功能布置在船的各个区域，像人的手、脚、皮肤和五官一样，各司其职，完成不同的功能，共同维护船舶的正常运行。大型集装箱船是用现代科技打造的科技巨兽，需要功能完备的强大的动力系统来保障它的航行和操作顺利进行。

集装箱船装备有哪些系统和主要设备

呢？按照大类来分，主要有：动力系统、动力管路系统、船舶通用系统、船舶电气系统、机舱自动化控制系统、通信系统、系泊系统、舵系统、救生与消防系统、货物系统、通风系统、空调冷藏和生活设施等。

> 图179　机舱配电板区

强大的动力系统

在日益频繁的多边贸易中，集装箱船在货物运输中扮演着重要的角色。尤其是在海陆多式联运的快速发展下，更多的“万箱船”成为各大国际港口的“常客”。这些船只能以十几万吨的惊人排水量在浩瀚的大洋中航行，除了拥有“强壮体魄”外，还要归功于那些动力逆天的船上动力系统。俗话说：好马配好鞍。如果动力系统不能提供持续澎湃的动力，货运的时效性和安全性将难以保证。

> 图180　集控室

机舱集控室

集控室主要由主控台和配电板组成。主控台控制着主、辅机和发电机的启动与关闭，并通过报警系统对整个机舱工况进行监控。一旦机舱发生报警后，轮机员可迅速通过控制面板判断故障原因，然后进行处理。

> 图181　船舶主机

船舶主机

主机是船舶上各机器中的核心设备，被称为“船舶的心脏”，为船舶航行提供动力。

船舶主推进动力系统的作用是将主机产生的动力，通过传动装置及轴系驱动螺旋桨产生推力，推动船舶航行。主推进动力系统主要由主机（柴油机）、弹性联轴器、轴系和水力测功器等组成。

德国MAN公司最新的电喷主机共有12个缸，每个缸的直径达到900毫米，额

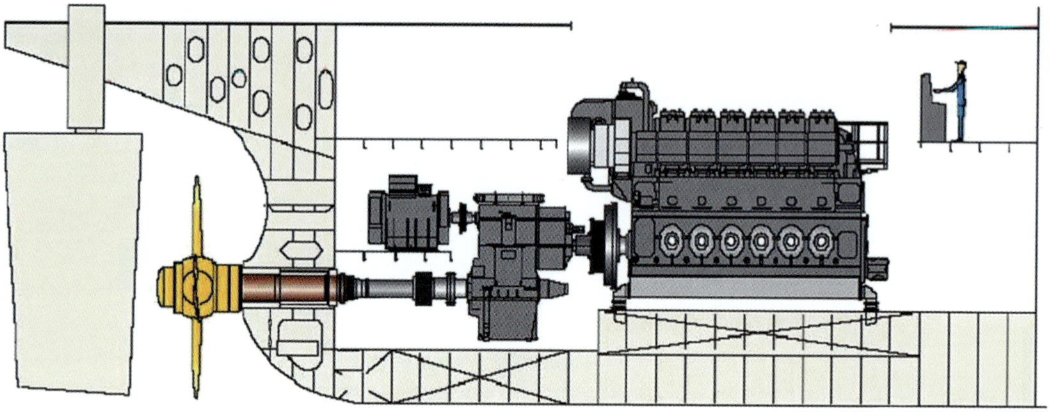

> 图182　主机布置侧面图

定功率为56 800千瓦/84转。该型主机能耗低，发动机性能好，能控制氮氧化物和微粒生成，减少对大气的污染。

目前，世界上最大的发动机是瓦锡兰公司生产制造的RT-flex96C 14缸直列柴油发动机，机长27.3米，高13.5米，总重

> 图183　两台柴油发电机

2 446吨（净重2 300吨），转速102转/分。单缸排量达到了1 820升，当整个发动机运转时的油耗为15 000升/时，最大功率可达80 000千瓦。

中国自主研发制造的大功率12MV390中速柴油机，采用高压共轨、电控喷射技术，单缸功率达850千瓦，整机功率范围在10 200～17 000千瓦，燃油消耗为175克/（千瓦·时），达到Tier Ⅱ排放标准。

日前，温特图尔发动机有限公司为法国达飞轮船公司新造的9艘23 000 TEU集装箱船提供X-DF双燃料二冲程发动机。其研发的12缸、920毫米缸径的12X92DF主机，重达2 140吨，单船总输出功率高达46.5～63.84兆瓦，是目前全球最大缸径双燃料主机，这批新船将改变未来集装箱船的设计。

动力管路系统

动力管路系统包括燃油系统、滑油系统、冷却水系统、空气启动系统。

燃油系统

燃油系统的作用是对船舶动力装置各燃油设备（柴油机、发电机组、辅锅炉

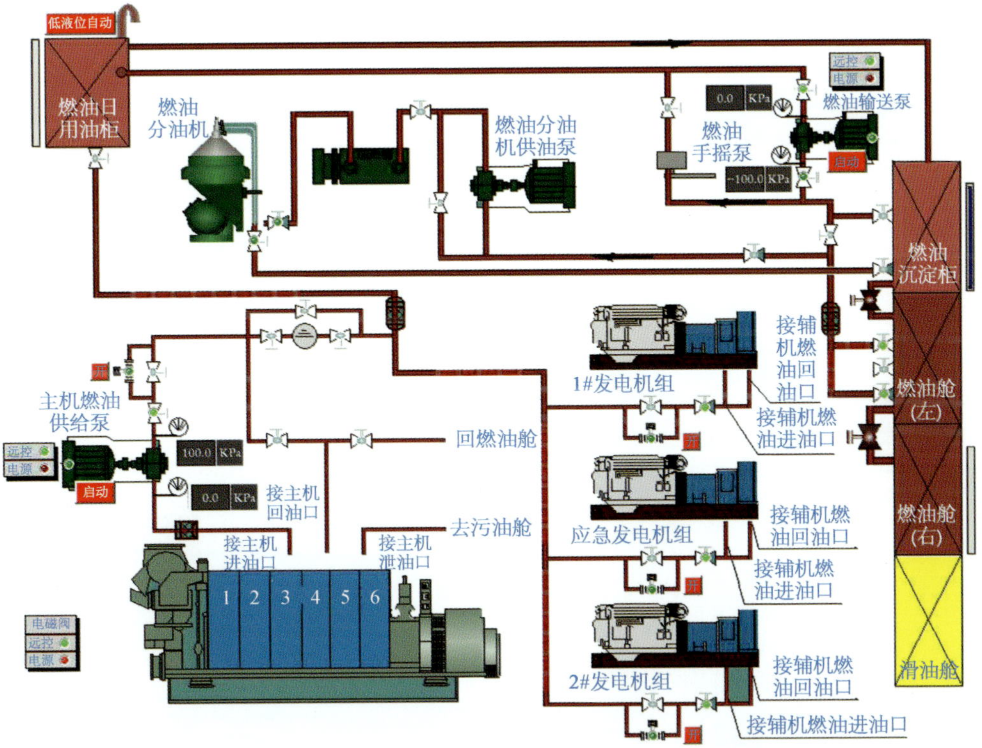

> 图184　综合机舱燃油系统

等）供给足够数量和一定品质的燃油，以保证这些设备的正常工作。船舶通常设置燃油管路，对燃油进行储存、驳运、净化和供给。

> 图186 分油机

滑油系统

滑油系统主要由滑油舱、滑油输送泵、滑油管、阀件、滑油分油机、滑油柜、滑油过滤器等组成。滑油从滑油柜顶部注入口注入，经阀通过滑油分油机进行分油，将滑油中的水分和杂质分离出来

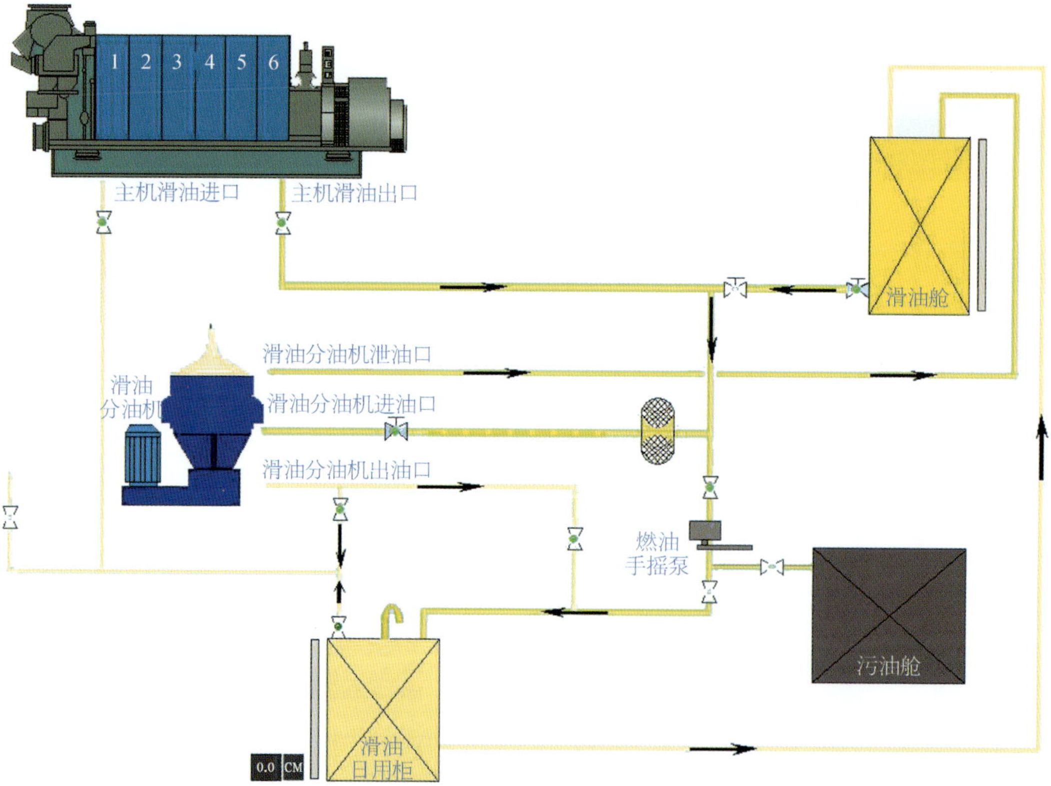

> 图185 主机滑油净化系统

后，净油到日用油柜；或直接通过手摇泵到日用油柜。此项功能使主机滑油预热，进行主机启动前的暖车，避免冷车起动困难。

冷却系统

冷却系统的作用是对主机、辅机、滑油冷却器、空气压缩机、冷凝器、轴系中的轴承和艉轴管等需要散热的机械设备供以足够量的液体（淡水、海水、江水和冷却油）进行冷却，以保证其正常工作。

压缩空气

压缩空气在船舶上的应用是十分广泛的，它是一个重要的动力源。正常使用时空气压缩机不断向起动空气瓶充气。当起动空气瓶达到规定压力时，空气压缩机自动停止。

压缩空气主要供给主机起动用。主机停止运行后，压缩空气则由独立的空气压缩机产生并进入启动空气瓶。为了保证船舶的活力和航行可靠性，一般船上采用2台空气压缩机。

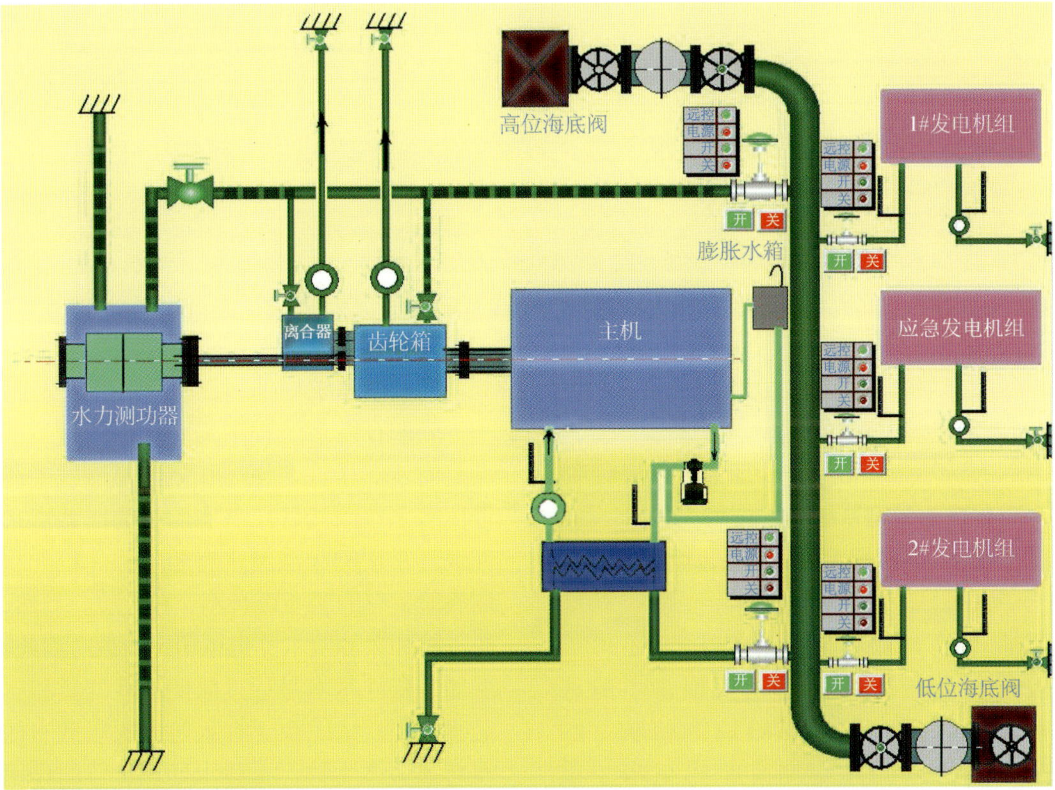

> 图187 机舱冷却水系统

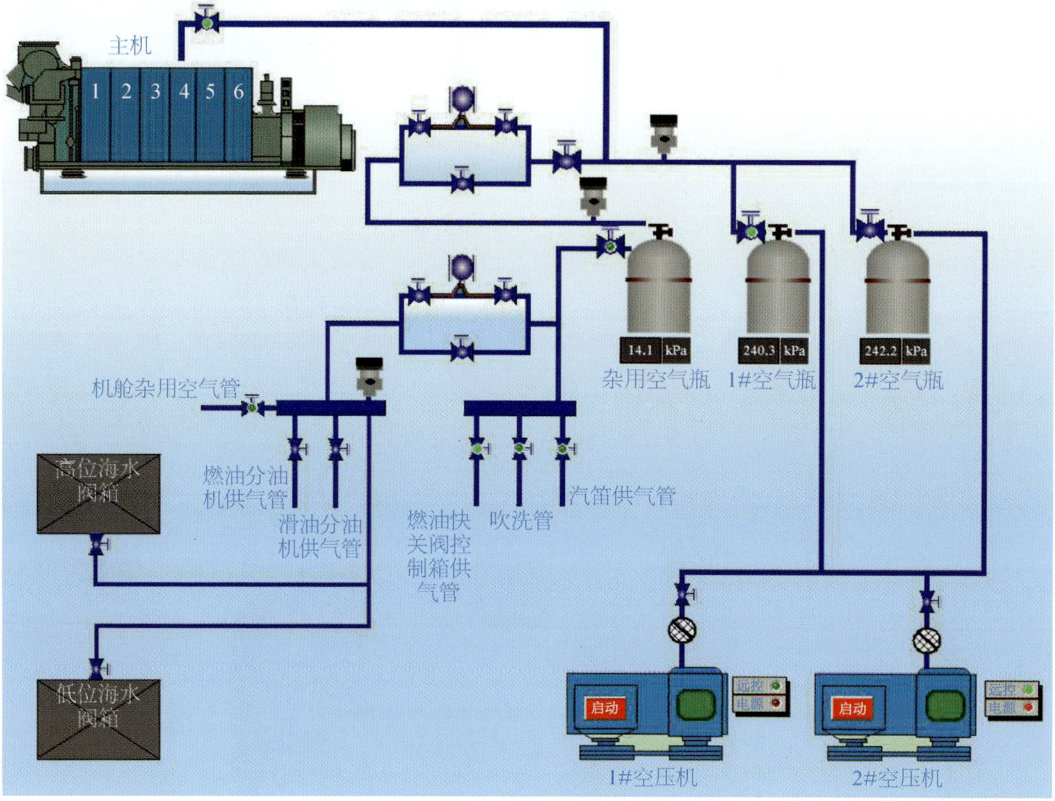

> 图188　压缩空气管系统

船舶通用系统

舱底水处理系统

舱底水管路的功能是抽除舱底积水，是船舶上重要的保船管路。舱底积水不仅对船体有腐蚀作用，还可能浸湿货舱内货物而造成货损，当舱底水太多时还会影响船舶稳性和航行的安全，所以必须定期将舱底积水予以排除。

压载水系统

船舶在营运过程中需要根据具体情况调整吃水、稳性、横倾和纵倾，这就要通过压载系统改变各压载水舱中的压载水来完成。常用的压载舱水有艏、艉尖舱和双层底舱，有的船还设有左、右边舱。当然，淡水舱和燃油舱本身也可用于压载。因此，船舶的稳性基本是通过船舶装载的货和压载水来控制的。由于打入舱内的压载水往往有很多微生物，压载水处理装置的作用是清除海水中的微生物，防止生态污染。

> 图189 压载水处理装置

对于压载泵，一般干货船上常设有2台排量较大的通用泵，将压载泵以及消防泵的任务统一担当起来。但船用泵泵送的介质不单单是水，还有滑油、燃油、海水等，管路较复杂。有的船设有单独的压载泵，主要用于压载，必要时也可作其他用途。

> 图190 船用泵

消防系统

在浩瀚的海洋中，巨大的集装箱船就像一片树叶，一旦发生火警，必须要有自救措施。船上安装的二氧化碳灭火系统，就像是给船安装了杀毒软件，担负起消防安全卫士的职责。

二氧化碳灭火系统是船舶常用的灭火装置的一种，它不但不会弄湿、污损机器和舱室，而且灭火后经通风换气即可重新使用未烧损的设备。另外，二氧化碳气体属于非腐蚀性气体，一般不会引起化学作用，不会对设备产生腐蚀或其他化学反应。

二氧化碳灭火系统主要负责货舱、机舱和上层建筑部分区域的火警探测和灭火。当这些区域发生火灾时，自动探测系统就会发出警报信号并起动，将储存的二氧化碳（液态或气态）释放出来，通过管路输送到发生火灾的区域，经喷嘴喷发进

> 图191 高压二氧化碳灭火系统无缝钢瓶组

行灭火。

船用二氧化碳灭火系统分为高压二氧化碳灭火系统和低压二氧化碳灭火系统。用于高压二氧化碳灭火系统的二氧化碳容器为无缝钢瓶，瓶的试验压力为24.5兆帕。低压二氧化碳灭火系统的二氧化碳容器为一个罐体，二氧化碳的储存压力为1.8～2.2兆帕。

低压二氧化碳灭火系统的主要部件是低压二氧化碳罐体单元，由就地控制板、液位指示、两套制冷装置、若干释放阀等组合安装在一个公共底座上，成为一个整体。

目前，船用二氧化碳灭火系统主要采用高压二氧化碳灭火系统，但是在超大型集装箱船上由于需保护处所的舱容很大，以18 000 TEU集装箱船为例，最大保护处所的舱容约35 000立方米，因而所需配备的二氧化碳储藏量也相应增大。采用低压二氧化碳灭火系统，一个二氧化碳罐体可取代大量二氧化碳高压钢瓶，则可节省很多二氧化碳储藏面积，同时可以减轻约50%的重量，并减少充注二氧化碳的时间。因此，低压二氧化碳灭火系统具有操作简单和维护方便的优势。

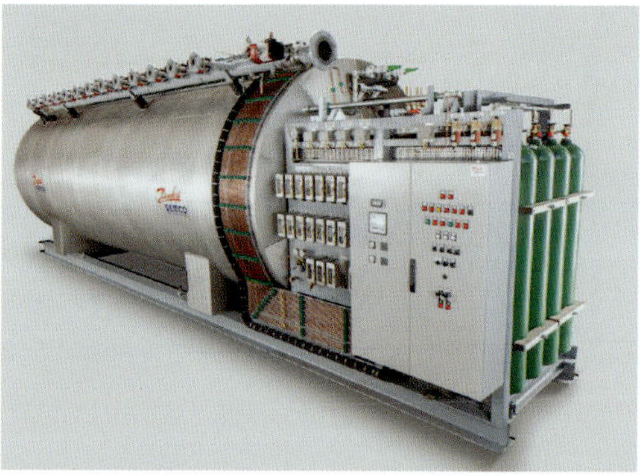

> 图192 低压二氧化碳罐体单元

机敏的大脑

综合船桥系统、船舶结构状态监测与评估系统

综合船桥系统

综合船桥系统由操纵控制系统、导航传感系统、航行管理系统、监视报警系统及航行保障系统五个部分组成，是基于“一人操船”的集中控制设计理念，将船上的各种导航、操作控制和雷达避碰等设

备有机地组合起来，应用计算机、现代控制、信息处理等技术，集航海导航、船舶驾驶和辅助于一体的信息化船舶自动化系统，可以最少的人力、最低的燃料消耗，对导航、驾驶、机动航行、航行管理、航线规划、避碰进行自动监测、自动报警等，从而实现船舶航行自动化，提高航行的安全性、经济性和有效性。

集装箱船舶结构状态监测与评估系统

当集装箱船缓缓驶向辽阔浩瀚、一望无际的大海时，变化莫测的海洋中隐藏了许多未知的变数，如潮流、暗礁、台风、浅滩等。

由于大型集装箱船的结构受应力变化大，且船舶在波浪中航行时受载情况变化无常，因此船体强度不足和疲劳破坏等引起的事故时有发生。

装箱船舶结构状态监测与评估系统应用传感技术、信号处理技术、电子技术、网络通信技术以及状态监测与故障诊断技术等，通过计算机实时显示船舶在航运中的受力情况、船体结构受振动冲击情况、船体弯曲和扭转变形等情况，利用互联网和无线网络将机械状态特征信息传输到远

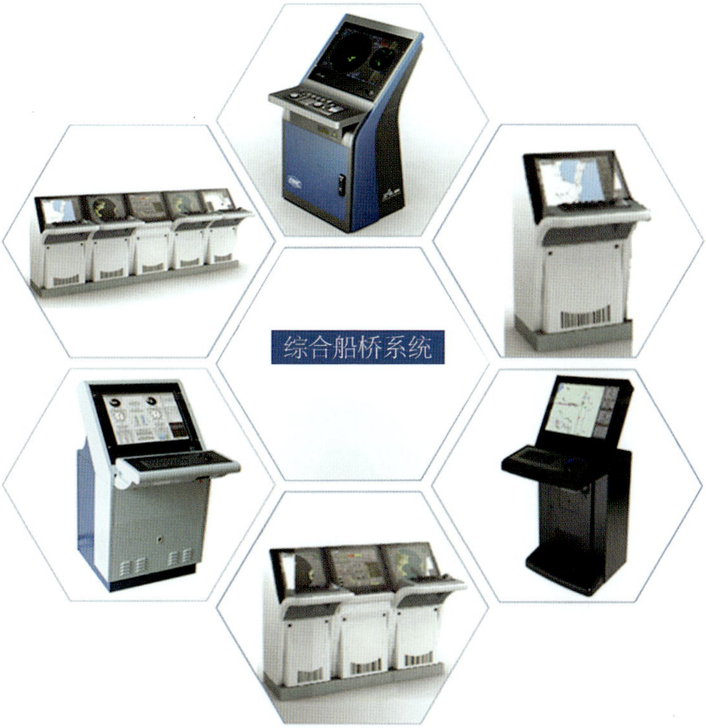

> 图193 综合船桥系统

端计算机；远端计算机对收到的信息作进一步处理，并提供必要的预警信息，以便船长及时采取应变措施，为船舶的安全航行提供保障。

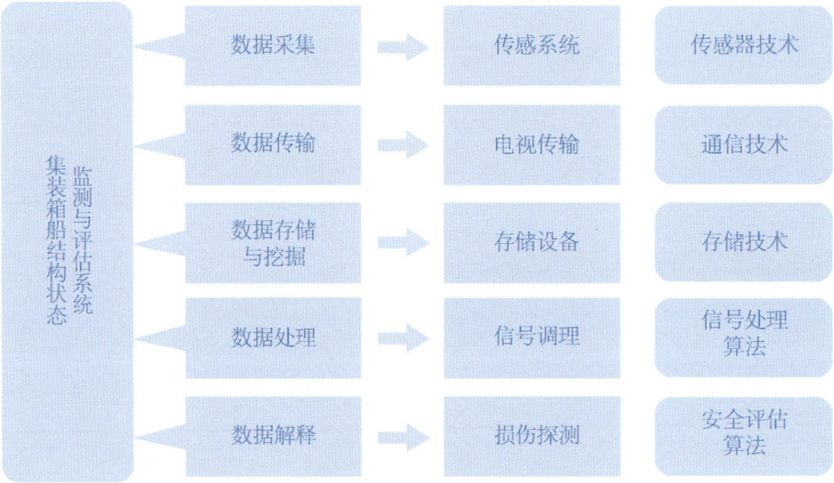

> 图194　集装箱船舶结构状态监测与评估系统

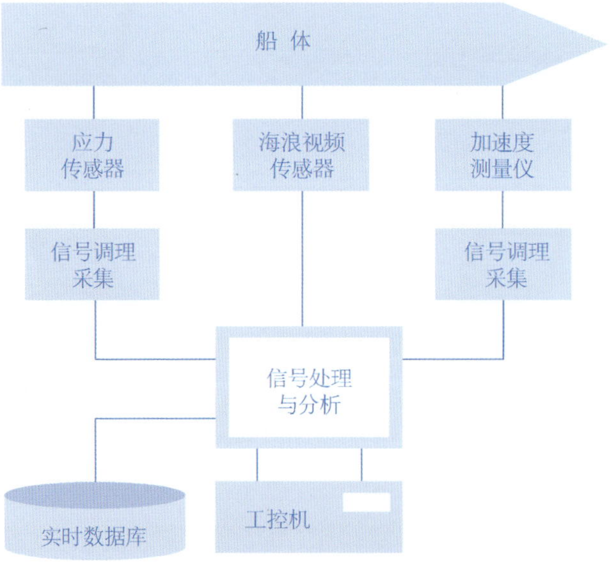

> 图195　集装箱船舶结构状态监测与评估系统

集装箱卫士

系固装置与绑扎件

现在，大型集装箱船上都没有起吊设备，一旦集装箱船发生箱子移动，船舶将发生固定横倾，稳性遭到损失，是非常危险的。船舶的自救能力是极其有限的，船员基本是束手无策。因此，集装箱的良好布置、堆装及有效的系固，对船舶的安全性、船上人员和货物的安全，对海洋环境保护都是十分重要的。

为确保集装箱在海上安全运输和高速周转，船上的集装箱都要进行有效的绑扎系固，为达到高效的系固，其设备也在不断更新。

表3 固定式系固设备

名称	作用	图示
埋入式底座	安装在甲板	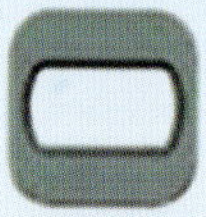
立式底座	主要用于舱盖及甲板上，安放扭锁或堆锥	
眼板	主要用于舱盖、甲板、甲板立柱及绑扎桥上。作为系固点与绑扎杆、花篮螺栓组成系固系统	
燕尾底座	主要用在舱盖及甲板支柱上，专门用来固定底座扭锁（较少用）	
固定锥	通过复板焊接在舱底，用于固定舱内最底层集装箱	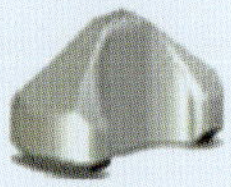

表4　移动式系固设备

名　称	作　　用	图　　示
绑扎杆	与花篮螺栓一同使用，用于甲板上集装箱的系固	
加长钩	因绑扎杆长度的原因，或有特殊系固要求，需加长绑扎杆，为此需使用加长钩	
花篮螺栓	用于连接绑扎杆的眼板/D形环	
堆锥	上下锥头固定，具有水平方向锁紧功能，用于上下集装箱之间的连接固定	
手动扭锁	主要用于甲板上、上下层集装箱之间的连接锁紧或底层集装箱与立式底座之间的连接锁紧，以防集装箱倾覆	
半自动扭锁	用于甲板上、上下层集装箱之间的连接锁紧。装船时，在集装箱的重力作用下，扭锁内部装置能自动转向锁定，但是在吊离时需要手动解锁	
全自动扭锁	装船时能自动转向锁定，而吊离时又能使扭锁内部装置转向成为开启状态，无须手动解锁	

（续表）

名　称	作　　　用	图　　示
底座扭锁	底座扭锁仅与燕尾底座配套使用	
桥锁	用于相邻两列最上层集装箱横向连接，即可把集装箱连接拉紧	
支撑件	用于舱内集装箱的外部支撑	
双头堆锥	用于舱内相邻两集装箱之间的连接固定	

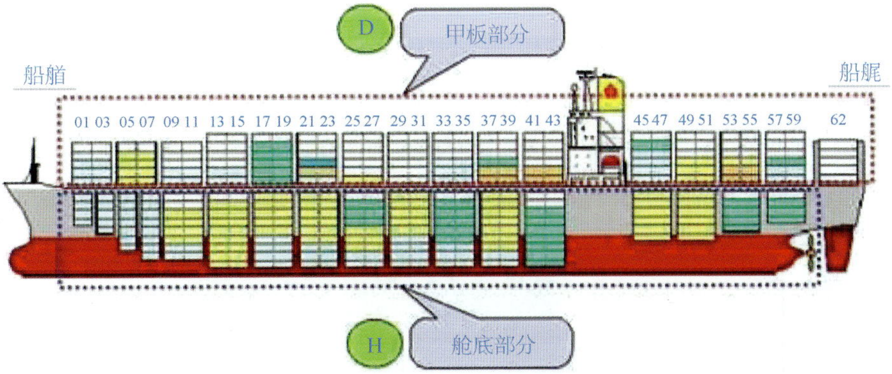

图196　集装箱分布图

集装箱系固分甲板系固和舱内系固。

甲板系固

通常甲板上装载多层的集装箱或堆装载荷较大的集装箱时都需要绑扎，20 ～ 40英尺箱需要两端绑扎。一般大中型集装箱船在两货舱口之间设有绑扎桥，操作人员可以在绑扎桥上对集装箱进行绑扎。

甲板系固一般有以下几种加固方式：

扭锁

扭锁分自动和手动，集装箱底部的4个角都是通过扭锁固定在舱盖板上或者下层的集装箱顶部。

> 图197　手动扭锁

桥锁

相邻两个集装箱的两个角通过桥锁固定在一起。

> 图198　桥锁

上锁操作

桥吊将带有扭锁的货箱吊上船，并整齐堆码在底层货箱上，自动扭锁的锁销就会自动上锁，手动扭锁则需要人工将锁销锁紧。

开锁操作

货箱卸船时，拆除所有加固杆后，用打杆将锁销打开后即可起吊。

甲板底锁

这是用来固定甲板上第一层箱子的锁，操作时先将甲板底锁的锁孔置于甲板上，上面放置锁销（多为标准锁销）来固定甲板上的底层箱。这一层箱的固定非常重要，不然当风浪来时，不管上面有多少

自动锁

半自动锁

> 图199　上锁操作

> 图200　开锁操作

> 图201　甲板底层锁销孔

层箱都有可能会倒下。

绑扎杆

绑扎杆有长拉杆和短拉杆两种，可以将甲板上多个集装箱的一侧用多个拉杆相互固定，使这些集装箱形成一个整体。当加固高箱时绑扎杆不够长的话，可在连接处套加长器。

箱子侧面那些“X”形的东西就是绑扎杆。它们是层层加固的！要不然船在海里航行，风浪大的时候人都会晃得站不住，更别说集装箱了，肯定会掉下去的。

从船上装卸集装箱就需要岸边桥吊起吊，只要拉力超过40～50吨，自动锁就会自动释放，箱子就能被吊起来了；半自动锁和手动的则需要工人把扭锁打开后才能吊离。

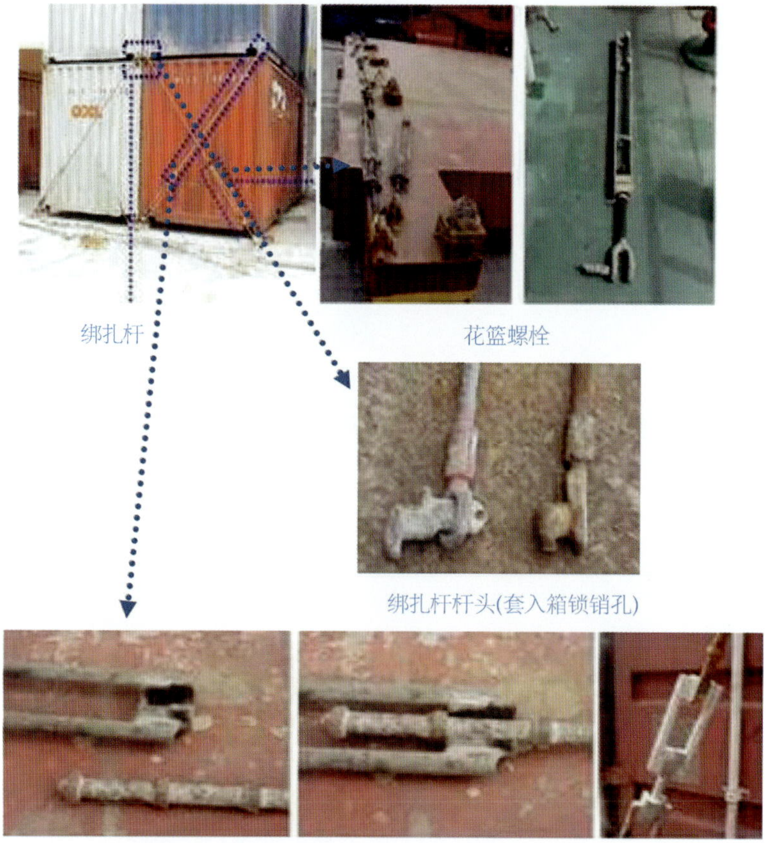

绑扎杆与花篮螺栓的连接(可根据加固杆上的节进行长度调节)

> 图202 绑扎杆设置

> 图203 甲板上绑扎杆设置（一）

> 图204　甲板上绑扎杆设置（二）

舱内系固

集装箱船的舱内都装有导轨，导轨是用来支撑和系固集装箱的，导轨把一堆一堆的集装箱分隔成独立的箱格单元。一般每一箱格最多可堆放十几层同一规格的集装箱，且不需要绑扎，装卸效率较高。

根据集装箱的规格，导轨有40英尺和20英尺两种。

集装箱船货舱内从货舱底部到舱口围板垂直区域都设有小角钢导柱的箱格导轨，便于集装箱沿着箱格导轨进行装卸和定位，同时又可使舱内的上下层集装箱之

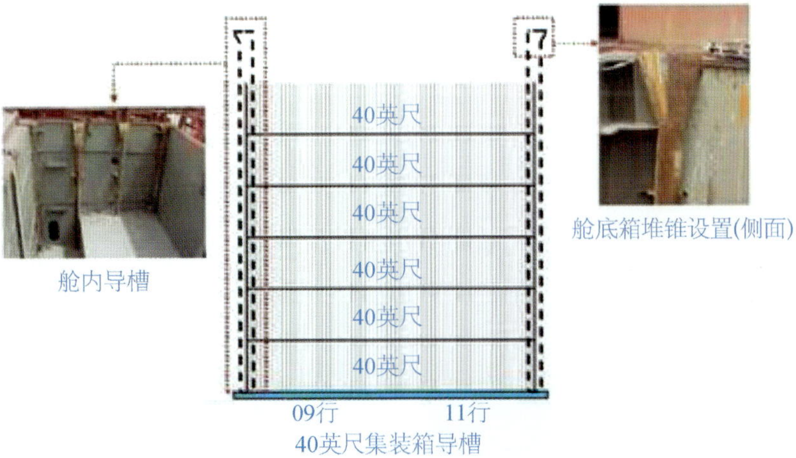

> 图205　舱底箱导轨设置（横剖面图）

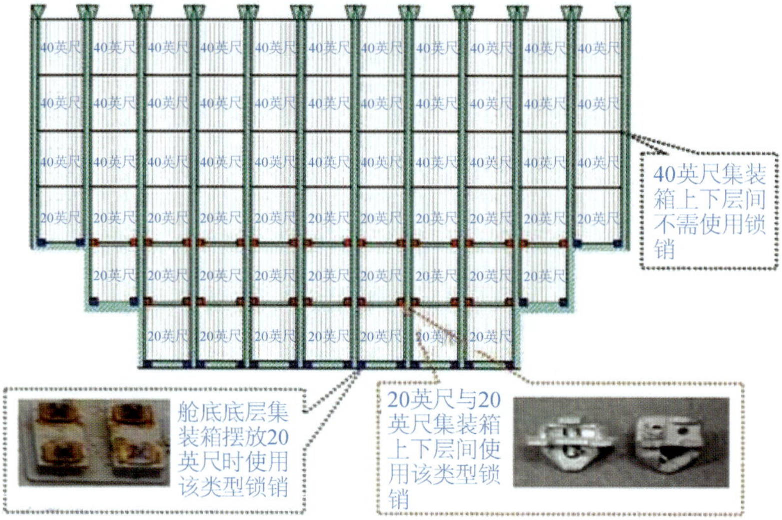

> 图206 20英尺集装箱导轨

> 图207 导轨

间堆码整齐，不致造成偏码状态。

导轨有组合式和单体式两种。在导轨跟部的内底板上装有25.4毫米厚的水平垫片，采用焊接连接，以承受集装箱的重量。导轨与集装箱间一般留有空隙，20英尺的集装箱长度方向为25.4～40毫米，宽度方向为22～25毫米。如超过了这一范围，在船舶摇摆时集装箱将受到较大的

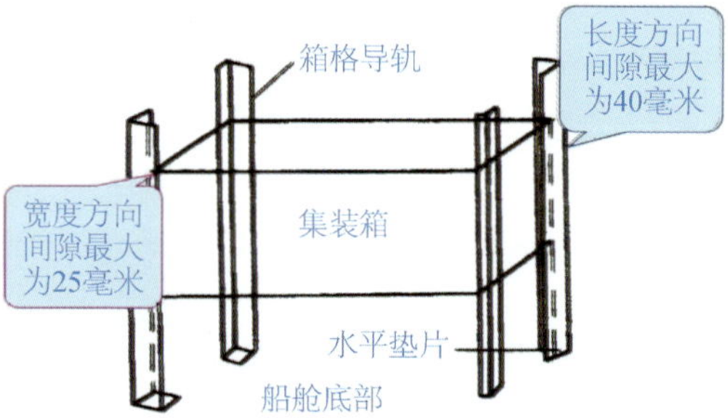

> 图208 箱格导轨

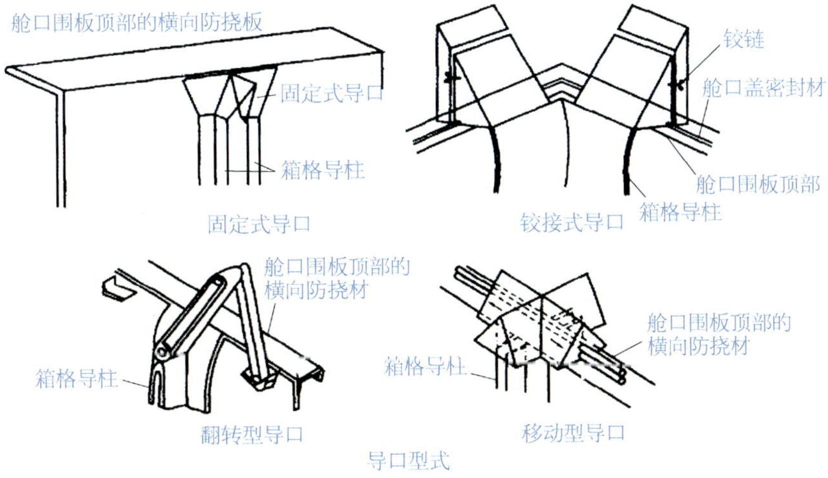

> 图209　导口型式

冲击力。

为便于集装箱装入箱格内，在导轨上端设有倾斜面的导向装置，该装置称为导口。导口有固定式导口、铰接式导口、翻转型导口和移动型导口。

为防止集装箱在货舱内滑动，通过堆锥将集装箱与货舱底部结构进行限位。集装箱上下之间通过堆锥连接，使得每一列集装箱成为一个整体，相互牵制，不会移动。

发达的肌肉

中压电力系统、舱口盖、船舶的横倾平衡系统

船舶6 600伏中压电力系统

集装箱船电力系统是由电源装置、配电装置、电网和负载组成，是船上电能产生、传输、分配和消耗等全部装置与网络的总称。

船舶电源装置由主发电机和主配电板

组成，主配电板对主发电机进行监测和控制，因此主配电板是电力系统的重要部分，也是保证供电质量的关键。

配电装置的主要任务是根据各用电设备（负载）的性质和容量合理选择供电方式、配电开关以及供电电缆。

随着船舶大型化的加速，集装箱船载箱量不断提升，船舶动力系统和电力拖动系统的功率也节节攀升。6 000 TEU以上的大型集装箱船，主机功率都在60 000千瓦以上，发电机功率也超过4×2 800千瓦，传统的440伏船舶电力系统已经不能满足需求。因此，6 600伏中压电力供电系统成了大型集装箱船舶的标准配置。

> 图210 主配电板

船舶6 600伏中压电力系统由6 600伏发电机、中压配电板、低压配电板、主变压器、中压岸电箱装置组成，通过柴油机的运转带动曲轴在磁场中转动产生6 600伏的高电压，通过变压器再转换成船上常用的440伏和220伏的电压，为船舶动力设备和日常照明提供电力。船舶还配有应急发电机和蓄电瓶，可以保证船舶某些重要设备不间断供电。

另外，正常航行中一般使用一台发电机就能满足船舶电力供应，之所以配有4台这么大功率的发电机，主要还是在进出港或装载大量的冷藏箱时会消耗很大的电量，发电机需提供充足的电量支撑这些设备的正常运行。

舱口盖

全集装箱船都采用吊离式舱口盖，这种舱口盖盖板之间无连接装置，也无须配置驱动装置，因此维修保养方便。盖板上只要装有起吊眼板或集装箱起吊底座，就可由岸上起货设备直接将盖板吊离。它适合于各种长度的舱口，也适合于各层甲板及长舱口。它既适用于露天甲板，也适用于中间甲板。

通常吊离舱口盖有3种操作方法：

① 通过钢索、卸扣、眼板，用船上或岸上起货设备吊离盖板；

② 用码头上集装箱专用起吊设备系住盖板上的集装箱起吊座就可吊离盖板；

③ 通过4只扭锁式集装箱起吊座、钢索及吊环组成集装箱吊具，系住盖板上的集装箱起吊座，由船上或岸上起货设备吊离盖板。

利用码头上集装箱专用起吊架吊离一块盖板如同吊离一只集装箱那样，十分方便。舱口盖上一般都设置限位装置，既能使舱口盖适应船体的变形，又能保证舱口盖的强度及其密封性。

> 图211　舱口

> 图212　舱口盖

每块舱口盖板的重量必须控制在起货设备的安全负荷以内，因此每块舱口盖的尺寸不能太大。通常以舱口盖长度方向布置40英尺集装箱，宽度方向布置4～6列箱；中小型集装箱船的舱口盖长度方向布置20英尺集装箱。

舱盖上20英尺集装箱的绑扎

常规绑扎

舱盖中间留出600毫米的走道，用于20英尺集装箱的绑扎。在航行过程中20英尺集装箱受力好，堆重大。

俄罗斯绑扎

舱盖中间没有走道，在中间部位的集装箱不需要绑扎，但是20英尺集装箱顶部需要装载40英尺集装箱将力进行传递。这种绑扎方式使货物装载类型更加灵活。

绑扎桥装置

大型集装箱船或巴拿马型集装箱船，堆装在甲板上的集装箱数约占总箱数的

> 图213　集装箱船绑扎桥

50%左右，集装箱的堆放高度达四至六层，甚至高达八九层以上。这给绑扎系统的设计带来了难度，因此就有了利用绑扎桥装置来绑扎四层以上的集装箱。

绑扎桥是横跨在横舱壁的顶部，几乎和集装箱船等宽，其上布置的通道和眼环是提供船员绑扎集装箱的行走通道和绑扎点。现在大型集装箱船一般设置三层绑扎通道，就像婴儿的摇篮，在颠簸的风浪中通过绑扎桥能将集装箱牢牢固定在船上。

绑扎桥一般有一至三层绑扎桥。第一层与货舱盖顶板平面等高，约2.4米；第二层与第一层箱的箱顶等高，或略高于第一层箱的箱顶约5.0～6.0米；第三层与第二层箱的箱顶等高，或略高于第二层箱顶，约7.8～8.5米。

绑扎桥的宽度要根据两货舱上的舱口围和集装箱的纵向距离而定，但绑扎桥的走道宽度不得小于600毫米。

使用绑扎桥的好处是增加了集装箱的绑扎高度，不但使绑扎杆、绑扎链或钢丝绳的长度减少，而且绑扎的效果也明显提高。由于绑扎点提高，使绑扎操作更为方便、用时更少。

甲板箱柱

为充分利用甲板空间来堆放集装箱，往往将甲板箱柱布置在舱口围和船舷之间，这样的布置可对在舱口围舷边的绑扎

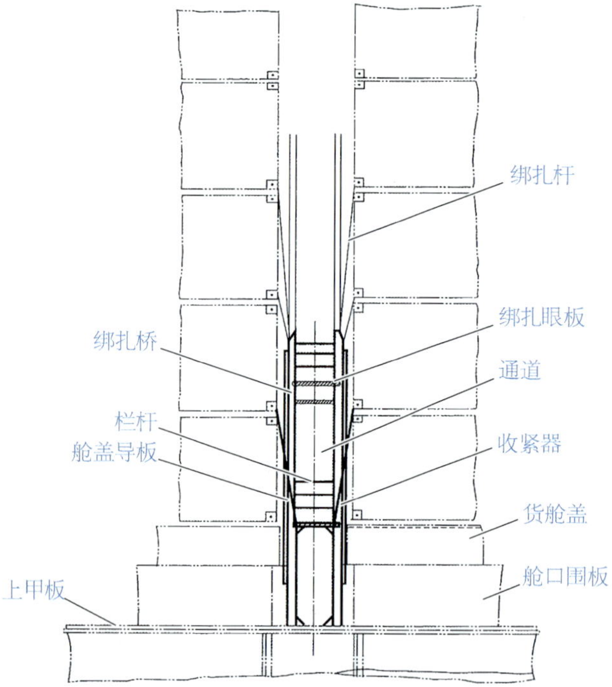

> 图214　绑扎桥装置

> 图215　绑扎桥

> 图216 艉部绑扎桥

桥进行支撑。装载20英尺集装箱时，靠近绑扎桥的一端可以通过绑扎桥进行绑扎，但是位于舱盖中间位置的一端只能绑扎在舱盖上，这样整个空间都被集装箱阻挡，舱盖中间的区域只能通过舷边的甲板箱柱才能到达。

> 图217 甲板箱柱

船舶的横倾平衡系统

集装箱在吊运过程中，船舶的倾斜往往会使集装箱间相互碰撞，尤其是导轨式集装箱船，当船舶的倾斜角过大时，往往会使导轨与箱体之间产生较大的摩擦，甚至卡死。因此，在集装箱船上，特别在导轨式集装箱船上，大多装有船舶横倾平衡系统。

船舶的横倾平衡系统能使船舶的横倾角控制在预定的范围内。由于集装箱的装卸速度较快，往往1～2.5分钟装卸一只，因此平衡系统的反应也很快，在1～2分钟时间内就可使船舶恢复到允许的倾斜角内。

平衡系统由下列部件组成。

左、右平衡水舱

每个水舱约装有一半容量的水，通过左、右水舱水的相互调拨来调整船舶横倾。

平衡水泵

采用双向轴流泵，通过改变泵的转向来改变水流方向。平衡水泵布置在两个货仓之间的空仓内。它能以一定的流量把左、右平衡水舱的水相互调拨，来调整船舶横倾。

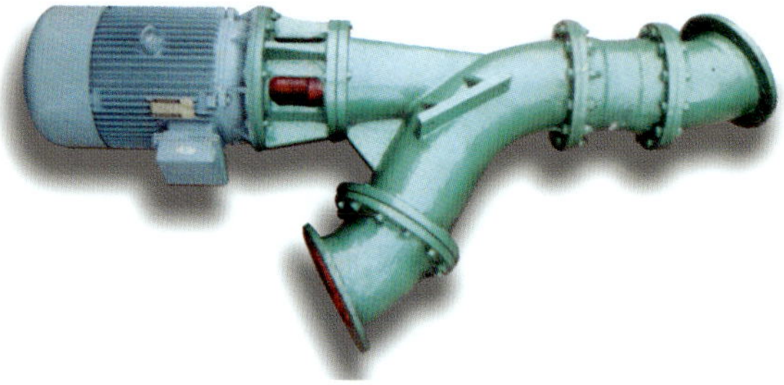

> 图218 平衡水泵

遥控阀

平衡水泵进出口各设置一只遥控阀，当其中一只遥控阀发生故障时，该阀应处于关闭状态。

倾斜仪

通过倾斜仪可测量到船舶的倾斜，并可以手控和自控来调整整个横倾平衡系统。

艏侧推装置

艏侧推装置几乎是集装箱船的标配设备，由于集装箱船甲板上装有大量集装箱，其侧向受风面积特别大，艏侧推装置可以辅助船舶靠离码头。大型集装箱船一般配备两台艏侧推装置，个别船还有艉侧推装置。在船艏底部设有两个涵道，通过叶轮转动推动水的进出来提供动力。

艏侧推装置大多采用可变螺距螺旋桨，也有采用定距桨叶，但定距桨的原动机转速必须是可调的。艏侧推装置不仅可提高船舶的操纵性，还能精确保持船位。

> 图219 艏侧推装置

集装箱船的建造工艺

了解了集装箱船，你还想知道巨型集装箱船是怎样造出来的吗？今天，一艘超大型20 000 TEU集装箱船正在紧张建造，它的长度达到399米甚至比航空母舰还要长出近100米，满载货物可以连续在海上航行40天，是当之无愧的海上巨无霸之一。

船舶是由成千上万种零部件构成，几乎与各个工业部门都有关系。除船体特有的建造技术外，造船还涉及机械、电气、冶金、建筑、化学以至工艺美术等各个领域。因此，造船是以全部工业技术为基础的一门综合技术。

在此，我们介绍20 000 TEU集装箱船的建造过程。

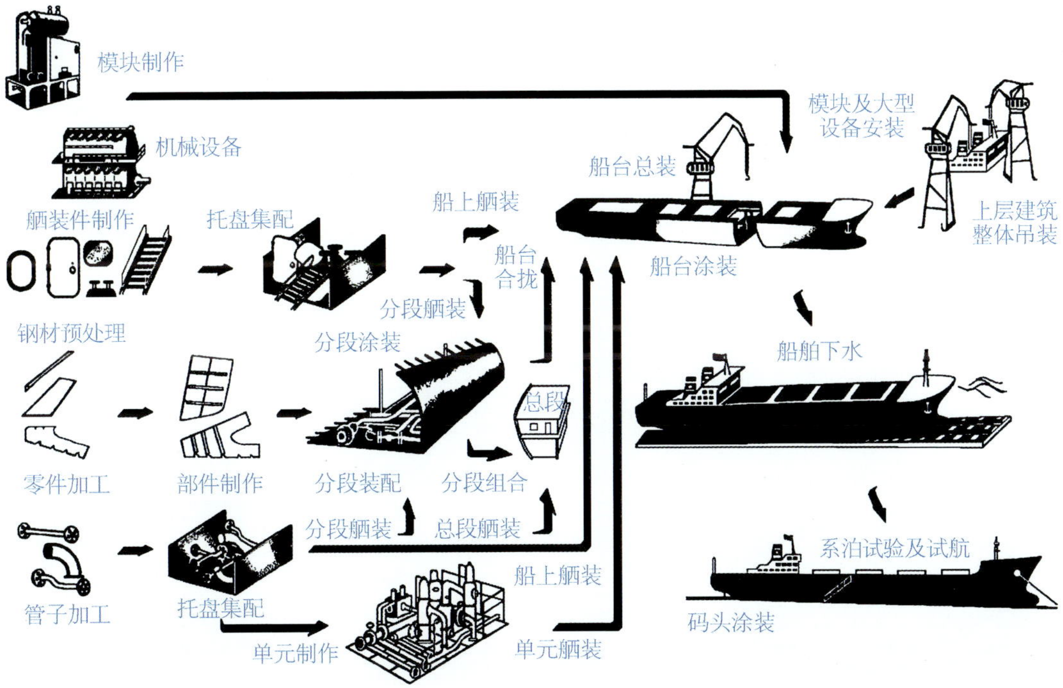

> 图220 船舶基本建造流程

切割

对于工程师来说，建造20 000 TEU集装箱船最大的挑战是精度。区别于传统货运船只的粗放型制造，这艘超级集装箱船的误差不能超过5毫米。控制精度是从最初的钢板切割开始，先将设计图纸精确反映到钢板上，然后42 000吨重的钢板被分批运送到车间由离子切割机切割，加工精度误差控制在1毫米以内，加工完毕后进行外板辊弯。

分段

建造这艘超级巨轮最重要的场地是船坞，它的面积足足有7个足球场那么大，

> 图222 外板辊弯

> 图221 数控高精度门式切割机

但船坞也是船厂最稀缺的资源，每艘船使用它的时间要尽可能短。为了保证船坞被最有效的利用，工程师们采用搭积木的方法来提高效率。他们在设计时就将集装箱船拆分成399个巨型积木块（分段），这些积木块的制造被安排到工厂的各个车间同时进行施工，最后再集中到船坞中进行快速拼装，这种施工方式大大提高了造船速度。

20 000 TEU集装箱船的双层底近60米长，被划分为左、中、右三块（分段），中间分段带有管弄，作为安装管子的通道，两侧分段带舭部及甲板，然后将三个分段进行全宽型总组，形成一个大的

> 图224　阶梯型舷侧分段/总段

> 图223　双层底分段

总段。

舷侧划分为上、下两只分段，抗扭箱分段与舱口围为一分段，可以前后总组，也可以上下总组，形成大的总段。

货舱区由几道横舱壁分割成几个货舱，横舱壁分为左、中、右三只分段，与双层底分段形成角接缝，舷侧一小段结构带入舷侧分段，形成对接缝，在下坞之前做出全宽型总段。

> 图225 横舱壁分段

搭积木——船体装配

船舶建造就像搭积木盖房子一样，将整个船体结构划分成一个个小的分段，再将几个邻近的分段合成一个大的总段，最后通过大型起重机（龙门吊）将总段一一吊入船坞内进行搭载合拢，形成整船。

船体装配分部件装配焊接、分段装配焊接和船台装配焊接三个阶段。

部件装配焊接

又称小合拢，将加工后的钢板或型钢在车间装焊平台上组合成板架、T型材、肋骨框架和船艏、艉柱等部件。

分/总段装配焊接

又称中合拢，将零部件组合成平面分段、曲面分段和立体分段。随着船舶的大型化和起重机能力的增大，分段和总段也

> 图226 部件装配焊接

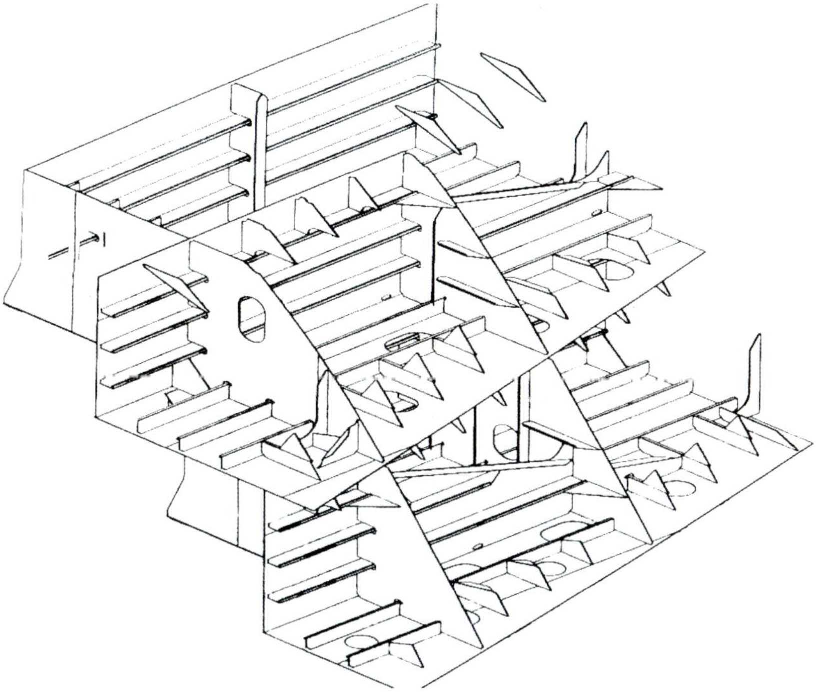

> 图227　分段装配

> 图228　平直分段建造

日益壮大，其重量可达800吨以上。

船台（坞）装配焊接

即船体总装，又称大合拢，将船体零部件、分段、总段在船台（或船坞）上最后装焊成船体。常用的总装方法有：总段建造法、塔式建造法、岛式建造法、串联建造法、两段建造法等。

分/总段划分后又是如何进行建造呢？工程师们先在计算机上将集装箱船上数以20万计的零件按照实际尺寸和属性进

> 图229　船坞搭载

> 图230　模拟建造的集装箱船模型

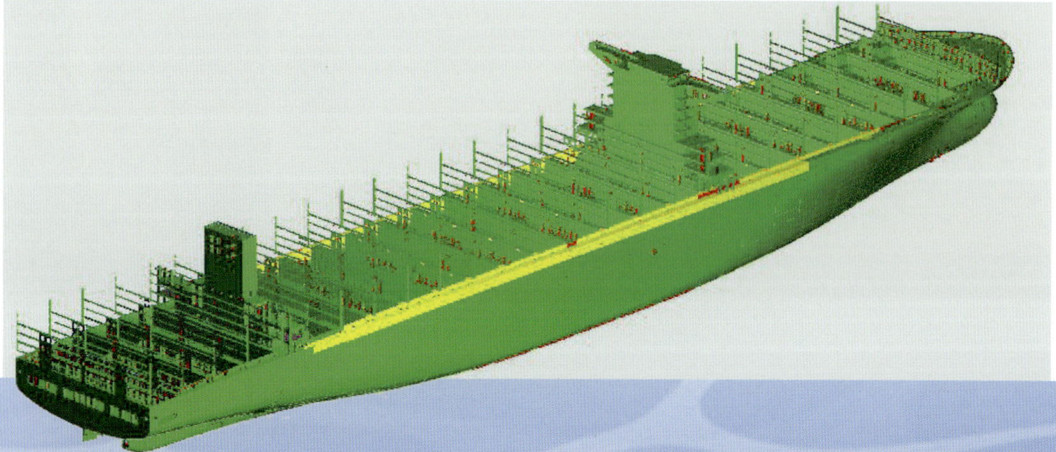

行一次模拟建造；然后，将模拟建造数据提供给生产部门进行实船建造。

进坞搭载

干船坞有坞门、放水口和排水泵，坞的上面设有大型吊车；在船舶建造过程中，坞内保持无水状态，一旦船舶缝合结束，通过放水口放水将船浮起来，然后用绞车或拖轮将建造好的船拖到码头。

分段下坞前，坞内要清洗干清。坞内放有大量的搁墩，这些搁墩称为坞墩，具有较高的强度，用于摆放船舶分段，并能调节高度，调整船底水平。

定位分段下坞

船体虽然被分解成399个积木块，但

> 图232　坞墩

> 图231　坞内搭载

> 图233 双层底搭载（一）

> 图234 双层底搭载（二）

每块的重量都有数十吨甚至几百吨，要将其移动和翻转并不是一件容易的事。首先下坞的是机舱双层底，这是全船分段搭载的定位分段。下坞后，向船艏和船艉两个方向开始双层底结构的连续搭载。

动力中心——艉部分段搭载

艉部是集装箱船的重点功能区域，里面容纳了舵系、轴系、主机、发电机、油水的处理机械以及艉部的系泊设备等，它的结构复杂，精度要求高。艉部分段是含有艉轴壳的特殊分段，其搭载精度将直接关系到轴系、舵系的照光镗孔工作的成败，因此分段的定位不仅要满足船体的公差标准，同时还要满足照光镗孔对船体精度的要求。

健硕体格——舷侧分/总段搭载

为满足货舱集装箱装载需要，集装箱船舷侧结构就形成了阶梯型和非阶梯型两种结构型式的分段。

阶梯型总段总组步骤为：先对下层分段进行纵向合拢，然后再依此合拢上层。

非阶梯分段包括甲板抗扭箱分段和舷

> 图235　艉部上层分段搭载

> 图236　艉部分/总段搭载（一）

> 图237　艉部分/总段搭载（二）

> 图238　艉部分/总段搭载（三）

> 图239 艉部分/总段搭载（四）

> 图240 非阶梯分段

> 图241　横舱壁搭载

侧分段，根据搭载需要，有时也需要总组，采用以纵壁为基面的侧态形式总组。

进出货舱的通道——横舱壁总段搭载

横舱壁在建造时一般分为左、中、右三个分段。在平台总组时，先将横舱壁两面的导轨一起进行预装；待船坞的双层底结构搭载好以后，再将横舱壁总段搭载在双层底上。

动力的来源——深油舱总段

深油舱体积巨大，一般布置在船的舯部。先将深油舱总段在平台上总组成大型总段，并将各类管路预先安装完毕后再进

> 图242　深油舱总段

坞搭载。

乘风破浪会有时——艏部分/总段

全船最大的积木部分段——船艏分段将要被吊装到船上，它是这艘海上巨无霸的主体建筑，重量超过600吨，承担这个重任的是两台起重量达1 200吨的巨型龙门吊，这一次的工程难度并不是如何将它吊起，而是要保证拼装精度控制在毫米级的误差范围之内，这需要有超大起重设备和几十位技术精湛的工人协作完成。

同时，还要天时人和，天公作美。如遇大风，即使有千吨级吊装设备也是束手无策。为了确保安装精度，只能等待时机。一旦有好天气，抓紧这个短暂的安全窗口，将一块600吨重的超级积木吊起并安装到位，快速焊接，使它和船身成为一个整体。

与此同时，在船舱内另一群工程师也

> 图243 模箱试验

> 图244 艏侧推分段搭载

> 图245 球鼻艏搭载

> 图246 艏楼总段搭载（一）

> 图247　艏楼总段搭载（二）

在紧张地进行模拟吊箱试验，将一只只标准尺寸的箱子吊入船舱。因为要确保每一箱位都能将模箱顺利放下去，而集装箱与箱体的间隙不得超过3毫米，所以每一个箱体都要求精准到位，这是对造船工艺一次苛刻的检验。因为未来这艘集装箱船将要装载20 000只集装箱，必须保证每一个箱子都能顺利放到位。

非凡动力——主机吊装

20 000 TEU集装箱船的主机具有11只直径为900毫米的气缸，高度达17米，足有5层楼高，总重达到2 200吨。如此巨大

> 图248　主机吊装（一）

> 图249 主机吊装（二）

的主机，只能将它分成5～6个总成，运到船厂后再将总成一个一个吊进机舱内进行组合安装。由于主机零部件非常多，必须由经验丰富的老师傅来完成。

高楼封顶——上层建筑/机舱棚总段搭载

上层建筑布置在船体艉部，是船舶的最高处。整个上层建筑分成两个总段，而且里面的舱室器具都已安装完毕，外观油漆一新，两个总段吊上船后上下对齐组焊成整体。

机舱棚总段是容纳机舱排气管路的通

> 图250 上层建筑总段搭载

> 图251　机舱棚总段搭载

道，巨大的烟囱管道布置在里面。

待到上层建筑和机舱棚总段吊装上船时标志着整船的搭载工作基本结束，楼房也就封顶了。

积木间的缝合——分/总段的焊接技术

由于集装箱船体形巨大，在海上航行时会受到各种力的作用，因此焊缝强度必须与钢板强度一致，这样集装箱船在海中航行时就不会发生焊缝断裂的情况，所以缝合后的焊缝都要进行严格的检验。例如，抗扭箱是集装箱船中的一种特殊结构，它含外板、甲板和舱口围，由EH40/EH47高强度钢组成，钢板厚85毫米，如

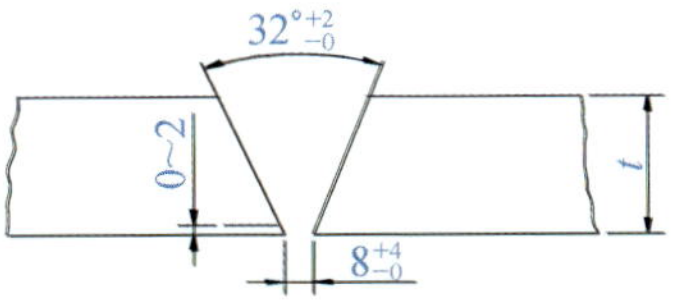

V型坡口

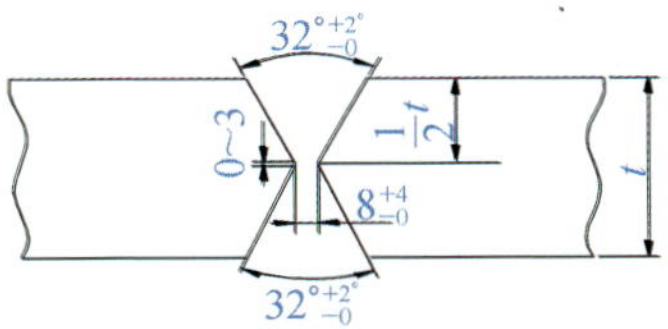

X型坡口

焊缝成型状况

> 图252　抗扭箱焊接技术

> 图253　出坞

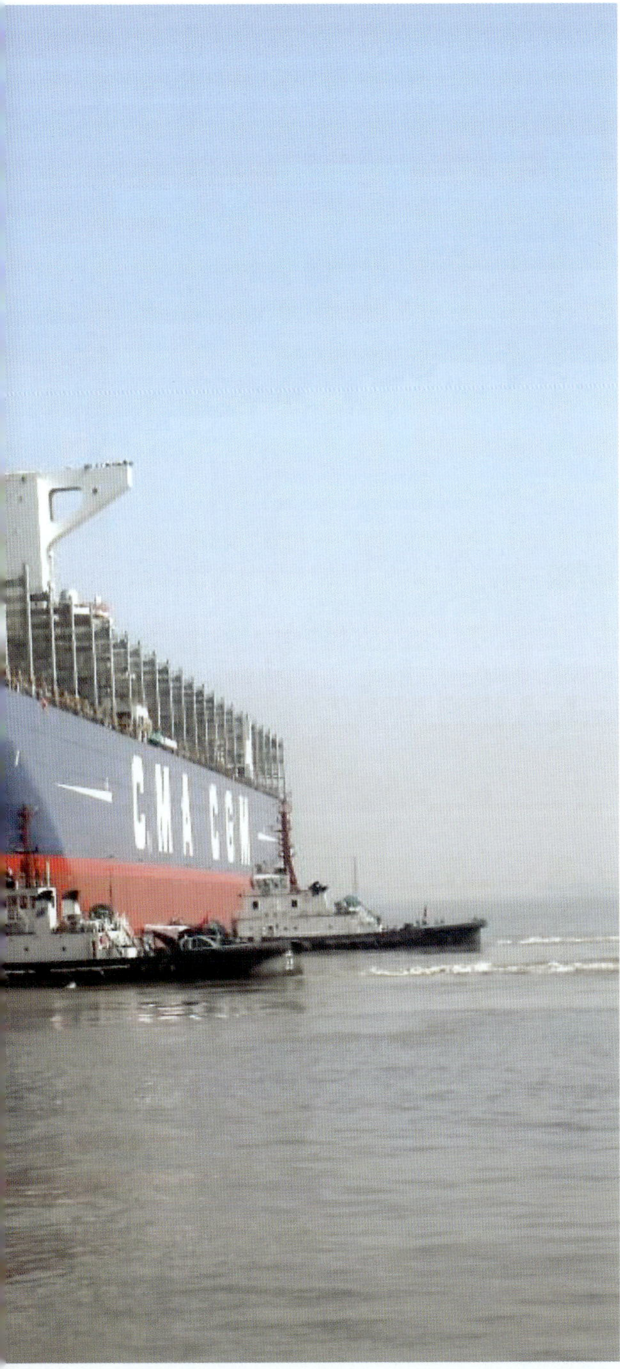

此厚的钢板，它的焊接坡口就像一个大口径的杯子，完全靠熔化的焊丝一遍一遍填充来增加强度。焊接工作是一项耐心而细心的技术活，填充这么大的坡口需要约140道焊接，焊接1米的大坡口约需7～8小时。

腾龙出海

一切安装就绪后，整个船舶油漆一新，腾龙待发，在众人瞩目中缓缓拖离坞门，出坞后集装箱船将经历码头舾装、系泊试验、航行试验三个阶段，完成全船的建造和设计预期参数的验证工作，所有设计参数满足条件后，就可正式交付船东运营，届时这艘海上巨无霸将穿梭在汪洋大海之中。

> 图254 20 000 TEU集装箱船交付使用

COSCO SHIPPING

第4章

中国集装箱船的发展

40多年来，中国从向国外引进集装箱船到自行设计建造，从小型、中型、大型到超大型集装箱船型的设计研究，积累了丰富的经验，形成了系列船型。在不同阶段顺应市场需求，不断推出特色船型，突破了包括超大型集装箱船型在内的多项技术难题，并形成了一系列绿色环保船型。在船舶轴系、大功率船用柴油机、船用配套设备等领域也不断取得新的突破。中国的集装箱船发展可分为四个阶段。

初始阶段

国外引进与购船

中国的集装箱运输始于1977年，当时交通部决定在上海、天津和青岛等地筹建集装箱港口，并配置集装箱船舶、转运车辆及起吊机械等设备，推进发展中国的集装箱海洋运输。

买二手船

1977年中国远洋运输公司在国外购买二手船来加快发展中国集装箱船运输。

“平乡城”号半集装箱船

图255 “平乡城”号半集装箱船

中国第一艘集装箱船为1969年3月由联邦德国建造的“平乡城”号半集装箱船，它既可装载集装箱，也可装运杂货，载箱量为177 TEU。该船总长117.70米，型宽18.00米，型深10.00米，最大高度37.50米；船型为球鼻型船艏、方型艉；机舱位于艉部，主机功率为2 565千瓦。它采用半平衡舵，推进器为4叶整体式螺旋桨，营运航速为15节。甲板上最多可装载70 TEU，舱内可装载107 TEU。该船配置5台甲板起重机，最大起重力

22.5吨。

此后中国又陆续从联邦德国、芬兰等国购进6艘二手半集装箱船，集装箱运力得以提高。

1978年9月26日，载着162 TEU的“平乡城”号半集装箱船从上海港驶向澳大利亚，踏上了中国集装箱船远洋运输的征程，填补了中国远洋集装箱船运输“零”的空白。

“沭河”号全集装箱船

1982年底，从日本买进“沭河”号全集装箱船。该船船型为球鼻型船艏，方型船艉；船长107.0米，宽18.4米，深9.25米，最大高度40.2米，总载重量8 056吨；主机功率2 809千瓦，营运航速14.5节，续航力8 000海里。全船有2个货舱，机舱位于艉部。舱盖为链条驱动式，载箱量为296 TEU，其中甲板上装载（含冷藏集装箱10只）126 TEU、舱内装载170 TEU，并配置2台起重能力为30吨的货物装卸起重机。

该船后来改名为“美达”号，投入中国—东南亚航线。

“桃河”系列集装箱船

该系列船是由挪威和瑞典船厂建造，后经船体接长等重大技术改造后，船舶总体性能良好，为全集装箱船。该系列5艘船分别命名为“桃河”“惠河”“顺河”“益河”“剑河”。

该系列船总长197.07米，宽29.75米，型深16.00米，最大高度47.4米，总载重吨25 007吨；主机功率13 897千瓦，航速19节，续航力24 600海里；船型为球鼻型船艏、艉机型巡洋舰艉、半平衡舵。为便于船舶操纵和靠离码头，船上设有750千瓦侧推器1台，主机由驾驶台集中操纵。全船有9个货舱，可装载1 414 TEU，其中冷藏集装箱60只。货舱内装有烟雾火警监测系统和二氧化碳气瓶，为货物保驾护航。

该系列船以星期班轮方式投入中国香

> 图256　“沭河”号集装箱船

> 图257　“桃河”系列集装箱船

港—美国西海岸定班航线，是中国开辟的第一条集装箱运输班轮航线。

国外订购

为加快集装箱船运输发展速度，在购买二手船的同时，中国也向国外订造现代化程度较高的集装箱船。

“洛河”系列集装箱船

该系列船共10艘，由联邦德国西贝克船厂建造，该系列船船型为球鼻型船艏、方型船艉、半平衡舵；总长170.02米，宽28.40米，型深15.45米，最大高度51.6米；主机功率9 244千瓦，航速17.7节，续航能力15 000海里。全船有5个货舱，舱容积37 187.89立方米，可装载1 234 TEU，其中甲板上装载642 TEU、舱内装载592 TEU，有冷藏集装箱插座60个。船上设有电动液压起重机2台，起重能力为36吨，吊杆1根；还设有烟雾火警监测装置、138瓶二氧化碳灭火装置。

“汉江河”系列集装箱船

“汉江河”轮系列集装箱船是根据日本、东南亚地区支线运输的需求，向日本下关旭阳船厂订造的一批420 TEU集装箱船。该系列船为全集装箱船，总长126米，宽21.4米，型深10.2米，最大高度41.75米；主机功率3 691千瓦，航速15节，续航能力9 500海里；为球鼻型船艏、方型艉、半平衡舵船型。全船有3个货舱，舱

> 图258 “汉江河”号集装箱船

> 图259 “玉河”号集装箱船

容积11 958.9立方米，可装载422 TEU，其中甲板上装载212 TEU、舱内210 TEU。该船备有2台电动液压起重机，1台起重力为25.8吨，另1台为40吨。

该系列船共5艘，分别命名为“汉江河”“汉水河”“汉涛河”“怀来河”“怀集河”。其中，“怀来河”“怀集河”为中日航线上的支线船。

“玉河”系列集装箱船

该系列船由德国佛伦斯堡船厂建造，均为球鼻型船艏、方型艉、半平衡舵船型；总长200.48米，型宽28.40米，型深15.6米，最大高度51.59米；主机功率8 824千瓦，航速16.7节，续航力18 000海里。主机由驾驶台集中控制，为无人机舱。全船共有6个货舱，舱容积39 905立方米，载箱量为1 686 TEU，其中甲板上装载852 TEU、舱内装载834 TEU，有108个冷藏集装箱插座。船上装备了烟雾（火警）自动监测装置和二氧化碳干粉灭火剂。

该系列船共5艘，运营于中国—西欧航线。

“泰河”系列集装箱船

“泰河”系列集装箱船是由英国和联邦德国建造，共5艘，分别命名为“泰河”“普河”“民河”“东河”“高河”，该系列船为自动化程度较高的集装箱船。

船舶总长236.12米，宽32.2米，型深18.6米，总高46.6米；主机功率15 066千瓦，航速19节，续航力30 000海里。该船设有6个货舱，舱容积58 470立方米，载箱量为2 716 TEU，其中甲板上装载1 302 TEU（含冷藏集装箱插座90个）、舱内装载1 414 TEU。该系列船为球鼻型船艏、方型窗框式艉、半平衡舵船型，舱盖板为方箱型，装有降低阻力的导流罩。机舱在艉部，主机由电气遥控操纵。为确保船舶安全运营，船上备有烟雾（火警）全自动监测系统和171只二氧化碳灭火瓶。

该系列船投入中国香港—美国西海岸航线运营。

> 图260 "泰河"系列集装箱船

起步阶段

探索自主建造

20世纪80年代，中国的科研设计人员对集装箱船设计技术进行了科技攻关和船型开发，并一直跟踪世界大型集装箱船的先进技术和发展趋势。1989年起，充分利用中国船舶设计自主建造能力，开始自行设计建造集装箱船。

300 TEU集装箱船

1990年交付使用的300 TEU集装箱船“天燕”号是按照出口船标准设计建造的，是中国第一艘自行设计建造的格栅式全集装箱船。该船的设计充分考虑了沿海及长江中下游港口、航道及货源等因素，作为沿海、江海直达及短程国际航线的运输船，在当时是一个很具有生命力的船型。

该船设计时就考虑了航区风浪特点，采用了节能效果好的球形艏、球形艉，适应装载大量甲板货的大水线面系数，线型经反复试验改进，达到了高航速、合理稳性和优良的适航性，使船舶在9～10级风中仍能正常航行。

该船为倾斜艏柱、球形艏、球形艉、

> 图261 中国自行设计建造的第一艘300 TEU集装箱船

单螺旋桨、半平衡流线型单舵、艉机型、格栅式全集装箱船，无起重设备；总长119.30米，两柱间长110.00米，型宽18.00米，型深8.50米，设计吃水深度5.80米，结构吃水深度6.50米；载重量5 492吨，最多可装载359 TEU：舱内装载151 TEU、甲板上装载208 TEU。航速14.42节，续航力10 000海里。

全船设置六道水密横舱壁，分隔为艉尖舱、机舱、三个货舱、应急消防泵舱及艏尖舱。三个货舱共可装10行20英尺集装箱，甲板上除1至3行装两层箱外，其余各列均可装3层箱。

货舱区域的双层底内及抗扭箱的顶部、侧壁处采用纵骨架式，其余为横骨架式。货舱为双层底、双壳结构，还设有舷边舱，采用自然进风机械抽风。

上甲板的舱口围板高度为1.19米，并用肘板和水平球扁钢适当支撑。外侧的舱口围板自甲板室前端壁一直连续延伸至第二货舱前端，用于增加纵向强度。

船上配置2台36吨的回转吊车，能自行装卸20英尺、40英尺集装箱及起吊舱盖。

为了提高船用设备配套国产化率，除在个别设备采用进口元器件外，其他设备都自行设计生产，尤其是船舶电站的自行设计建造，促进了中国电站专业化生产。

“商城”系列多用途集装箱船

1984年交付使用的“商城”号是我国建造的第一艘多用途集装箱船。该型船共建造4艘，分别命名为“商城”“高城”“滨城”“松城”。

> 图262 “商城”号多用途集装箱船

该船总长147.5米，宽22.2米，型深10.9米，船体最大高度44.7米；船型为小球鼻型船艏、方型艉，机舱位于船艉部，半平衡舵。全船有3个货舱，舱容积15 998立方米，可装载760 TEU，其中甲板上装载420 TEU、舱内装载340 TEU，包括40个冷藏集装箱插座。船上备有2台起重机，最大起重力为36吨。

700 TEU全集装箱船

1984年交付使用的700 TEU全集装箱船是我国自行设计建造的第一艘出口集装箱船，船东为新加坡NOL公司。该船总长148米，型宽25米，型深13.2米，设计吃水深度8.0米，结构吃水深度9.7米，总吨位约13 000吨，最大载箱量为859 TEU，主机功率约10 000千瓦，服务航速17.6节，续航力为22 000海里。这是一艘具有短艏艉楼、倾斜艏柱、梨形小球艏、方艉、单舵、艉机型中速柴油机减速推进，并设有克令吊的格栅式全集装箱船。

该船船体结构按英国劳氏船级社规范设计，底部结构和抗扭箱采用纵骨架式，其余部位均为横骨架式。

舱内设有箱格导轨，在甲板和舱盖上设有集装箱支柱和底座，以满足甲板装载4层集装箱用的绑扎眼板等紧固设备。另外，甲板上还设有50个冷藏集装箱用的

图263 700 TEU全集装箱船

电源插座。4个货舱采用箱型舱盖，其艏艉两端设快速压紧器，每块舱盖重不超过30吨。

全船设有14个海水压载舱，用于调整各种装载情况下的稳性、纵倾和横倾。为降低舱室噪声，将上层建筑同机舱棚和烟囱分开布置，并采取一系列隔间措施。经试航实测，舱室噪声均低于ISO 2923国际船舶噪声标准。

该船设计合理，抗风能力强，具有极佳的航行性能，机电设备可靠，在航率达到96%，航次载箱率平均达73%，具有较高的经济性，可与当时国外设计建造的同类船舶媲美，得到船东的好评。

2 700 TEU“柏林快航”号风冷式集装箱船

1990年交付使用的“柏林快航”号风冷式集装箱船是一艘未来型船舶，为当时具有高水准的全导轨集装箱船，也是当时最大集中供冷风的冷藏集装箱船之一。

该船总长233.92米，两柱间长220.42米，型宽32.20米，型深18.80米，设计吃水深度11.00米，载重量（设计）4.17万吨，可装载2 719 TEU（甲板上可装载1 453 TEU、舱内装载1 266 TEU，内含154箱独立制冷式冷藏集装箱和544箱集中通风式冷藏集装箱），也可载运危险品集装箱和少量无包装的散装货；航速21.0节，续航力24 000海里。该船为单桨S型球艏，不对称球艉，双底、双壳、单舵，二层纵通甲板艉机型船型，主机由低速柴油机直接驱动，能通航世界各大港口，包括巴拿马运河。

> 图264 “柏林快航”号风冷式集装箱船

机舱设有的集中制冷式冷藏系统是用氟利昂冷却盐水，用盐水冷却空气，冷空气进入集装箱内冷却箱内货物，并可根据货物保鲜要求来调节温度，且对每只集装箱都可以单独提供所需的温度和湿度，确保货物保鲜。

“柏林快航”号风冷式集装箱船自动化程度极高，驾驶桥楼设有船舶操纵中心，由一人驾驶即可完成包括离靠码头在内的所有操纵。主甲板上设有船舶管理中心，其主要功能：对集中制冷的冷藏集装箱系统进行管理和操作；对全船（148只遥控阀和6台泵）压载水、舱底水、燃油（柴油）供给输送以及燃油舱蒸气加热系统进行液压遥控；对电站进行自动控制和遥控；对船舶压载、防横倾平衡系统进行遥控；对机舱及船艏艉区域重要设备监控报警管理；对一些较分散的重要设备进行遥控。

该船在设计建造中采用多项新技术、新工艺：采用专利技术——不对称球艉，提高了推进效率；采用低速重型柴油机作主机，主机总重1 048吨，机座、机架和曲轴3大件总重达700吨，能燃烧700 CST重质柴油（相对密度大于1）；采用艏侧推器，大大提高了低速航行时的良好操纵性；是当时世界上唯一采用变频（56～62 Hz）电源的船舶，大大节约了能源；船上还设有2 000多个自动监测点，可对2 700个集装箱中贮藏的蔬菜、瓜果进行自动调温，做到冷风保鲜。

500 TEU集装箱船

500TEU集装箱船是20世纪90年代与国际造船业接轨而开发的一种特别适合中程航线的全集装箱运输船，按劳氏船级社规范要求进行设计。该型船共造2艘：“晓峰”（BLUE PEAK）号和“晓月”（BLUE MOON）号，分别于1994年1月和5月交付使用。

500 TEU集装箱船为单螺旋桨、单舵、中速柴油机经齿轮箱减速推进、格栅式全集装箱船，具有球鼻艏、小球艉、前置补偿导管、低转速大直径螺旋桨等节能装置，前倾艏柱、方艉和玛琳纳型半平衡舵。

该船总长123.35米，垂线间长112.0

米，型宽20.80米，型深10.50米，设计吃水深度7.50米，结构吃水深度8.00米，载箱量504 TEU（甲板上装载266 TEU，舱内装载238 TEU，包括冷藏集装箱45只）；满载航速16.15节，续航力10 000海里。

该船设有3个货舱，每个货舱前后方向设2个货舱口，除艏部第1个货舱口外，每个货舱口又分成左、右两个舱口。

货舱内装载4层集装箱，甲板及舱口盖上装载3层集装箱，在第3货舱后面的机舱上方还能装载一行集装箱。

货舱区双层底内及抗扭箱的顶部和两侧采用纵骨架式，其余为横骨架式。货舱内设置集装箱箱格导轨，装载20英尺箱时，集装箱之间横向设置双堆锥。货舱通风系统采用机械抽风、自然进风。甲板上装载45只20英尺冷藏集装箱，用扭锁紧固，必要处加设绑扎杆。上层建筑前端壁上设置一个供第二层冷藏集装箱用的工作平台。

在船舶线型设计中，该船应用了中国自主研究成果，如大水线面系数极V型线型、SV球艏、小球鼻等。因此，在稳性和阻力性能方面甚为优秀，满足各项性能指标要求。

> 图265　500 TEU集装箱船

发展阶段

攻克难关，自主创新

“新浦东”号集装箱船

2003年交付使用的“新浦东”号集装箱船是中国第一艘超巴拿马型集装箱船，也是当时国内建造的最大的集装箱船。该型号船共建造9艘。“新浦东”号集装箱船总长279.9米，两柱间长265.8米，型宽40.3米，型深24.1米，设计吃水深度12米，结构吃水深度14米；载重量6.9万吨，载箱量5 618 TEU，后经优化，集装箱装载数量增加到5 668箱（前4艘船）、5 688箱（后5艘船），并配有610个冷藏集装箱插座；主机功率为54 720千瓦，服务航速为25.9节，续航力21 000海里，可以连续航行到世界上任何一个国家，按英国劳氏船级社规范设计。

该船满足一人桥楼驾驶的要求，为无人机舱，设有最新规范的自动识别系统和黑匣子等。全船共设7只货舱，每舱中间设有空心舱壁，将全船划分为15个装箱空间，全部采用大开口结构，大舱口盖。货舱内设有导轨架，甲板上设有绑扎桥和绑扎系统；货舱区两侧设有人员通道。上层建筑为9层，满足视角要求。

为了提高船舶营运效率，减轻船员工作强度，船上配置了自动化系统，如机舱监测报警控制系统、阀门遥控和液位遥测

> 图266　5 668 TEU集装箱船——“新浦东”号

系统、冷藏集装箱监测控制系统。集控室位于主甲板上，与船舶办公室紧邻，隔墙上设有一块大型观察窗以观察集控室内情况。

该船是在沪东中华造船（集团）公司新建的大型船坞中建造的第一艘船舶，采取边建坞、边造船的施工方法，在技术准备阶段就应用数字化样船技术，推行设计、制造、管理一体化，并开展船用厚板结构焊接技术攻关，完成了多层多道垂直自动焊等4项关键工艺的研究。

“新浦东”号集装箱船是当时中国国产箱位最多、航速最快、现代化程度最高的全集装箱船，也是世界航运市场中技术含量较高的船舶之一。2003年2月20日，“新浦东”号集装箱船在上海港外高桥集装箱码头起航，首航欧洲，航行周期为21天，先后挂靠宁波、厦门、赤海、香港、巴生、热那亚、瓦伦西亚、费里克斯手托、汉堡、鹿特丹、安特卫普等港口，在航行速度、技术性能等方面均达到当时的先进水平。

该船应用先进的现代造船管理模式和船坞建造工艺，改写了中国自主建造大型集装箱船零的历史，标志中国船舶工业水平实现质的飞跃。

“新亚洲”号集装箱船

为适应集装箱船超大型化发展的新趋势，于2002年自主开发了8 000+箱大型集装箱船等一批新产品。

> 图267 8 530 TEU集装箱船——“新亚洲”号

2007年9月8日，中国第一艘8 530 TEU集装箱船——“新亚洲”号交付船东，次日首航美国洛杉矶。这艘船总长334米，型宽42.8米，型深24.8米，结构吃水深度14.65米，载重10.1万吨，主机功率68 520千瓦，航速27节；载箱量为8 530 TEU，包括700只冷藏集装箱。之后，又优化设计出8 600/8 888 TEU集装箱船。

针对该型船关键技术，在整体设计、动力装置、船体建造工艺等方面逐一突破，并在施工过程中运用了许多新工艺，从而使该型船的技术指标达到当时国际同型船的先进水平。

8 530 TEU船是具有完全自主知识产权，在设计建造方面填补了国内多项空白的集装箱船。该型船不受巴拿马运河的限制，轻载时不需用大量压载水就能确保其稳定性。船上4台发电机能确保船舶整体运行和冷藏集装箱的需要。整艘船可一人驾驶，舱内还设置有延伸的报警系统、通信导航系统，驾驶室的设计和布置完全满足NAV-OC船级符号的要求。

8 530 TEU集装箱船采用“绿色造船”理念，最大限度满足了环保要求，取得了德国船级社环保证书EP船级符号。

4 800 TEU集装箱船

2009年世界经济危机爆发后，国际造船市场形势日趋严峻，伴随着高涨的燃料成本，对新造集装箱船的设计指标提出了更高的要求。为使船型在装箱指数及能效设计指数（EEDI）上具有较强竞争力，以通航拓宽后的巴拿马运河为目标航线，中国开发设计了小型超巴拿马集装箱型——4 800 TEU集装箱船，于2013年交付使用。

该船为钢质、单甲板、单桨、柴油机推进、无限航区、设有球型船艏、倾斜艏柱、方艉；总长约255.40米，垂线间长242.00米，型宽37.30米，型深19.60米，设计吃水深度11.00米，结构吃水深度12.50米，载重量57 500吨；服务航速（结构吃水）21.5节，主机最大功率24 354千瓦。

为满足航速和续航力的要求，燃油舱容量达到4 000立方米，压载水处理装置采用滤器-消毒的方式进行压载水处理，满足压载水管理公约的要求。EEDI为12.06，远远低于Phase0的要求（19.22），并满足Phase3的要求（13.45），如无特殊要求，该船在服役期间无须增加任何节能措施即能满足要求。

为了满足最大装箱数，货舱开口宽度与型宽之比很大，达到了0.89。为了获取更大的空间、装载更多的集装箱，集装箱船的艏部线型外飘很严重，外飘角超过了40°。

4 800 TEU集装箱船是按照国际上对船舶一系列新的规则要求进行研发设计的，它的顺利交船，在不景气的船市中创

图268　4 800 TEU小型超巴拿马集装箱船

> 图269　9 000 TEU集装箱船

出了一条以技术创新为导向的新路子。

9 000 TEU集装箱船

2013年交付使用的9 000 TEU集装箱船是新一代南美航线上最大的集装箱船，为无限航区的全集装箱船。该船采用单柴油机，定距桨推进，带艏侧推装置，带球鼻型船艏，单层连续甲板，有艏楼，艉部设艉系泊甲板。机舱棚与上层建筑分开成双岛布置，生活楼位于中前部，下方设置燃油舱。采用中艉机型布置，设有7个货舱，艏艉舱为空舱，货舱区为双壳双底布置，设底压载舱及边压载舱，机舱区为双层底。

该船长299.9米，船宽48.2米，结构吃水深度14.5米。载重量为111 860吨，总箱数9 403 TEU（平均箱重14吨时为7 190 TEU）；设计航速22.2节。与传统的8 500 TEU级船相比，船长短了30多米，船宽增加了5.4米，载重量增加约10%。

该船是根据4E（船型经济性、能效经济性、环境友好性和建造经济性）的设计理念研发出的第一条新一代南美最大型集装箱船型，并成功取得了世界上第一艘9 000 TEU船型订单。

小贴士

防止船舶污染国际公约

防止船舶污染国际（MARPOL）公约是国际海事组织针对海上船舶因例行作业产生故意性油类物质污染行为，并设法减少船舶因意外事故或操作疏失所形成之偶发性污染行为所制定的国际公约。

跨越阶段

跻身第一方阵

长期以来大型集装箱船在世界集装箱海运中一直处于主导地位，虽然中国在中小型集装箱船的设计建造方面已经积累了比较丰富的经验，但是在大型和超大型集装箱船的设计建造还是空白。

为此，“九五”国家科技攻关项目“大型、高附加值船舶研究开发”立题，研究开发一种稳性和快速性能兼优的船型，使中国设计建造大型集装箱船能上一个新台阶，达到当代国际先进水平。经过这些年的不懈努力，中国已经成为全球重要的造船中心之一。

作为世界高端海洋装备制造业中顶级船型产品之一的集装箱船，依靠中国自身过硬的技术和创新能力，继2015年成功设计建造了18 000 TEU集装箱船后，接踵又设计建造了20 000 TEU和21 000 TEU集装箱船，23 000 TEU集装箱船也在施工建造之中。

“中远大洋洲”号集装箱船

2008年4月，中国自主建造的国内首艘10 000 TEU集装箱船——“大洋洲”号

> 图270 “中远大洋洲”号集装箱船

交付使用，该船的成功建造使中国成为继韩国之后第二个能够自主建造10 000 TEU集装箱船的国家。

“中远大洋洲”号集装箱船总长348.5米，型宽45.6米，型深27.2米，从船底到桅杆顶部总高65.7米，满载吃水深度14.5米，总吨位115 776吨，航速24.9节。

船上配有各种先进设备及自动导航系统，具有自动驾驶功能。

机舱设在船的中后部上层建筑下方，主机为一台MAN-B&W 12K98MC MAK6二冲程低速柴油机，重达2 160吨，为当时世界上体积最大、吨位最重的主机，转速94转/分时能产生68 640千瓦功率，耗油约为250吨/天。艉轴轴系由中间轴和艉轴组成，前端连接大功率主机，后端连接一只重约100吨、直径约为9米的六叶螺旋桨。轴系直径为810～980毫米，长度超过50米，总重量约250吨。

该船一次可装载10 020 TEU，不仅可装载常规集装箱，还可装载多种等级的危险品集装箱。

该船从设计到建成交付，历时2年。在整体设计、动力装置、建造工艺、船舶安全以及节能减排等方面均达到了国内领先、国际先进的水平。

“中远大洋洲”号集装箱船首航从大连启程，经天津、青岛、香港、苏伊士运

> 图271 重达2 160吨柴油机主机

> 图272 长度超50米的轴系

河等，抵达荷兰鹿特丹港，全程共挂靠8个港口，航程22 800海里，相当于绕地球赤道一圈。2008年12月15日，"中远大洋洲"号从天津港启程，17日抵达高雄港，拉开了大型集装箱船两岸直航的序幕。

> 图273 六叶螺旋桨

13 500 TEU集装箱船——"中远海运牡丹"号

2018年交付使用的13 500 TEU系列船型是目前国内自行设计建造的可通行巴拿马运河新船闸的新一代主力船型，其航速、油耗和装箱量等指标均达到国际先进水平。该船总长366米，宽48.2米，最大吃水深度16米，设计航速23节，最大载重量147 000吨，最大载箱量13 800 TEU，甲板上可装载1 000只冷藏集装箱。

根据航线揽货种类及配载需求，对船型进行了优化设计，采用冷藏集装箱插座的新型交叉布置设计理念使冷藏集装箱、危险品集装箱、重箱和高箱能有效装载，加强了配载灵活性，提升了船舶运输能力。一人驾驶桥楼集合了最先进的航行控制系统、全船局域网系统及船岸卫星通信

> 图275 13 500 TEU集装箱船——“中远海运牡丹”号

> 图274 集控室

系统。

该船具备先进的智能化水平，配备了智能航行系统、智能机舱系统和智能能效管理系统等，可对超长冲程高效主机、高压岸电系统、压载水处理装置、机舱海水泵/机舱风机变频控制系统、机舱监测报警系统和闭路电视监控系统等高科技设备实现实时监控，并对无人机舱运行状态及全船各关键部位的设备进行智能管理。

该船采用高效螺旋桨及节能装置，大幅度提高燃油经济性，从而使EEDI提前达到防止船舶污染国际公约2030年的指标要求，极大地减少了碳排放；采

> 图276 两条姐妹船相遇在巴拿马运河

用GAS READY技术，具备未来双燃料改装的可行性，满足英国劳氏船级社的GR（A）和中国船级社的DFDR（m）船级符号要求，为绿色节能环保智能船型。

“中远海运牡丹”号是该系列8艘船中的首制船，已投入美东航线AWE4线运营直航，通过巴拿马运河，挂靠纽约、萨瓦纳、查尔斯顿等美国东部港口，然后继续向东航行，经苏伊士运河返回中国，单次航程77天。

2018年12月3日，中远海运集团旗下两艘集装箱姐妹船“中远海运牡丹”号和“中远海运玫瑰”号在巴拿马运河相遇，并顺利通过巴拿马运河新船闸。

全球首艘G4型45 000吨集装箱滚装船

“大西洋之星”号是第四代集装箱滚装船，是5艘姐妹船中的首制船，于2015年10月建成后投入地中海—大西洋—美洲航线。船舶总长296米，型宽37.6米，型深22.95米，设计吃水深度10.25米，设计航速18节。

为提高船体空间利用率，集装箱货舱布置在船艏和船艉，滚装区域布置在船体舯部。这样布置不仅可以减少压载水，增加载货量，而且配货更加灵活。

船上共有汽车滚装甲板7层，上4层是轻型汽车甲板（50毫米厚的钢板），每层4 000多平方米甲板上安装了多种固定设施，十字形的卡口来固定汽车，长方形的卡扣来固定集装箱，用于搭载小型私家车；下3层是重型甲板，既能搭载超高超大工程机械车辆，也可搭载集装箱。汽车装载面积达28 900平方米，最大载箱量为3 800 TEU。滚装甲板可停放最长达35米的特种车辆，甚至可以装载类似C919大型商用飞机机身分段的超大件货物。

为满足欧美最新环保要求，船上配备了废气洗涤塔系统，经洗涤塔排出的废气可达100%的相对饱和湿度，保证排放的气体中硫化物基本被洗尽。

“大西洋之星”号的艉跳板由三段可折叠的跳板组成，展开后跳板长50.73米、宽21.6米、重330吨。

精密繁杂的内部机械控制、液压控制、光电控制三大系统全部实现智能化操控。在滚装通道内还配备了目前全球最大的单片侧开式水密门，门宽8.42米、高4.9米、重12吨。安装如此巨大的水密门，对业界龙头设备商麦基嘉来说，也是首次遇到。因此，该船的滚装设备是迄今世界上最为先进、操控最为复杂的系统。

> 图277 第三代集装箱滚装船的内部布置

> 图278 “大西洋之星”号G4集装箱滚装船

相比20世纪80年代韩国、日本建造的第三代集装箱滚装船，G4型船上还安装了世界上最先进的具有全悬挂、带联动襟叶、带舵球特点的高效舵，舵球与螺旋桨桨帽间隙仅70毫米，从而大大提高推进效率，节约了能源，操纵性也更好。

该型船为目前世界上最大、最新、最先进的集装箱滚装船之一。

> 图279 18 000 TEU集装箱船

18 000 TEU集装箱船

2015年，18 000 TEU集装箱船“郑和”号交付使用。

该船船长399.9米，比美国尼米兹级核动力航空母舰还要长70米，船型宽54米，甲板面积相当于4个标准足球场，型深30.2米，设计吃水深度14.5米，上层建筑高38米，从船底至驾驶室的净空高度为65米，相当于22层楼的高度，在海上就像一座“漂浮的岛屿”，是当时中国建造的最大净空高度的船舶，服务航速22.2节，续航力27 000海里。

18 000 TEU集装箱船采用艉机型双岛布置，船上共设11个货舱，其中5个货舱布置在生活楼前部，4个货舱位于生活楼和机舱之间，2个货舱位于机舱后部。货舱内可堆放21列11层集装箱，甲板上可堆放23列11层集装箱，可装载20英尺、40英尺、45英尺、48英尺、53英尺，以及高箱和欧洲宽箱等多种箱型，配置1 400个冷藏集装箱插座，设置3层绑扎桥，甲板和货舱均可装载危险品集装箱。

该船拥有1台63 910千瓦、11缸的主机作动力，3根中间轴，螺旋桨采用6片桨叶；有4台4 500千瓦大功率发电机，直接产生6 600伏电压，供艏侧推装置使用。

全船用钢量约4.8万吨。船体使用的高强度钢板长达到18米、厚度达85毫米。全船自制切割分段近400只，切割吨位32 246吨，切割长度641 715米，承建时间24个月。

仅用106天就实现甲板贯通，并创下99吊完成全船搭载的最佳作业记录。

2015年12月，“郑和”号18 000 TEU级集装箱船首次抵达美国港口，标志着中国已完全具备了设计建造超大型集装箱船的能力，打破了国外在该领域的垄断。

> 图280　“郑和”号集装箱船首次抵达美国港口

建造中的23 000 TEU集装箱船

2017年9月19日，法国达飞海运集团打破全球超大型集装箱船市场22个月的沉

> 图281 建造中的23 000 TEU超大型集装箱船

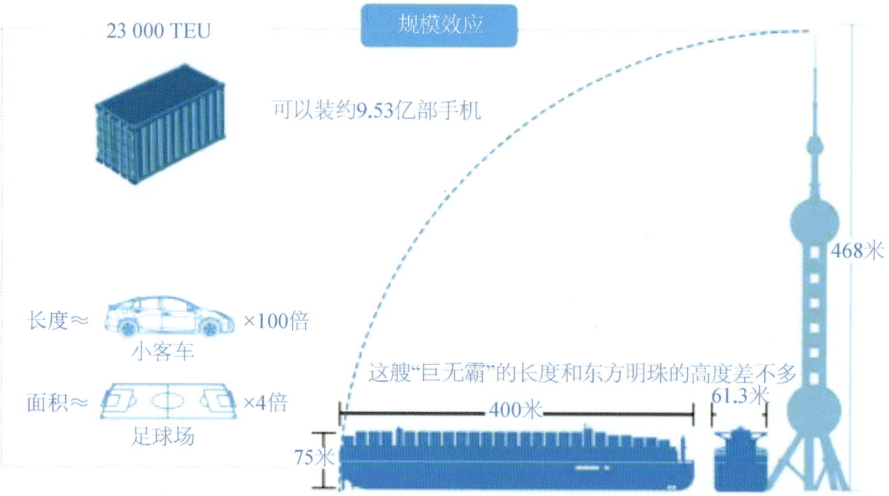

> 图282 23 000 TEU集装箱船的大块头体态

寂，向中国订造9艘23 000 TEU双燃料集装箱船，入级法国船级社。该船是当时世界上载箱量最大、最先进的绿色环保型集装箱船。2018年7月26日，这批船分别在沪东中华造船（集团）有限公司和江南造船（集团）有限责任公司举行首制船开工典礼。

23 000 TEU集装箱船总长400米，其长度和东方明珠的高度差不多，型宽61.3米，服务航速21.55节，甲板面积相当于4个足球场。可装载12层24列集装箱，载箱量达23 000 TEU，可运载2 300个40英尺冷藏集装箱，载重量近22万吨。

23 000 TEU集装箱船的驾驶室位于船的前端，机舱位于船艉，为双岛布置；生活楼里配备了更舒适的生活空间和多种娱乐设施，有医院、泳池、网吧和休息室等。

该船除了体型威猛外，还有一颗以绿色环保著称的“心”，就是全球首款采用的双燃料推进系统。主机由中船集团公司全资子公司WinGD研制，拥有最大的二冲程低速双燃料主机低压系统，电站采用液化天然气（LNG）为燃料。

与燃烧重油相比，LNG具有明显的优势：二氧化碳排放减少25%，硫排放减少99%，细颗粒物排放减少99%，氮氧化物排放减少85%，EEDI能效指数低于现行标准60%。

同时，该船还配置了全球首型GTT

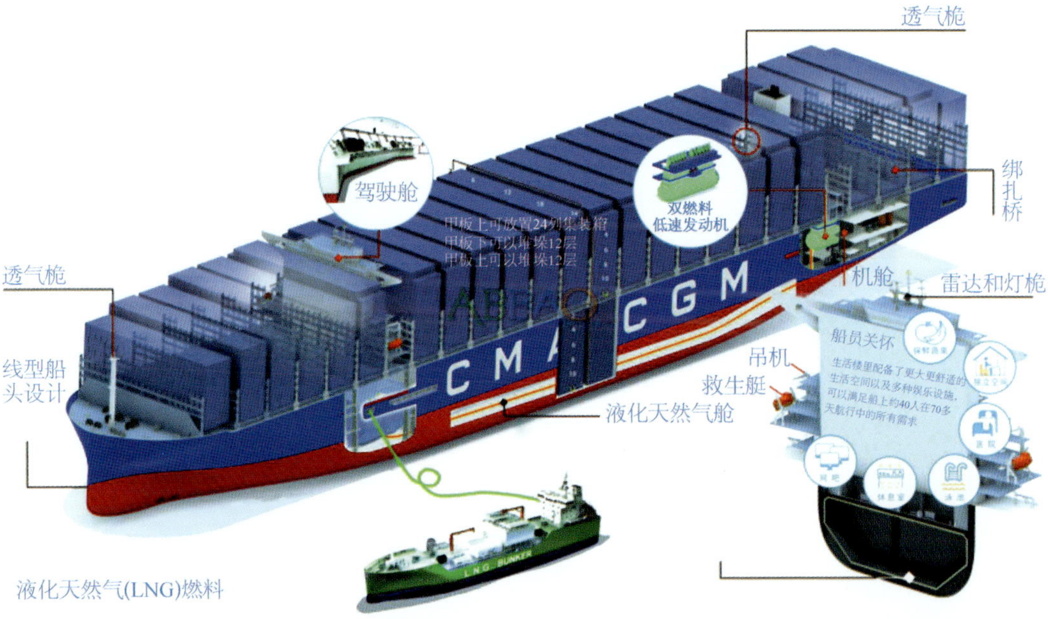

> 图283　23 000 TEU——绿色、环保、节能集装箱船

MK Ⅲ薄膜式燃料舱，容量达18 600立方米，可满足欧亚航线往返一次约70多天的需求；燃料舱储存条件为-163摄氏度（常压），由两层不同绝缘材料包裹，最外层钢材可承受-10摄氏度低温，确保不会因断裂发生漏气。万一液化天然气发生泄漏，且其他安全措施全失效的情况下，船艏和船艉的两个透气桅可起到紧急排气阀的作用，把泄漏气体排向空中。

除了动力源之外，LNG还是全船电力、供暖的能源。为此，达飞集团建造了一艘LNG燃料加注船。目前为23 000 TEU集装箱船配套的18 600立方米MK Ⅲ薄膜式LNG加注船也已开工建造。

江南造船（集团）有限公司自从2002年便开始对薄膜式围护系统进行了技术储备，先后取得了NO96型及MK Ⅲ围护系统的建造资质，通过模拟舱的设计及建造，已掌握了薄膜式围护系统的核心生产技术。

23 000 TEU集装箱船的研发建造是中国先进制造业的重大突破，标志着中国高技术船舶的设计制造实现了从跟随到引领的重大飞跃，是中国船舶工业坚持创新驱动发展战略、在大型集装箱船领域持续创新的结果，是中国实施海洋强国战略和“中国制造2025”的重要成果。

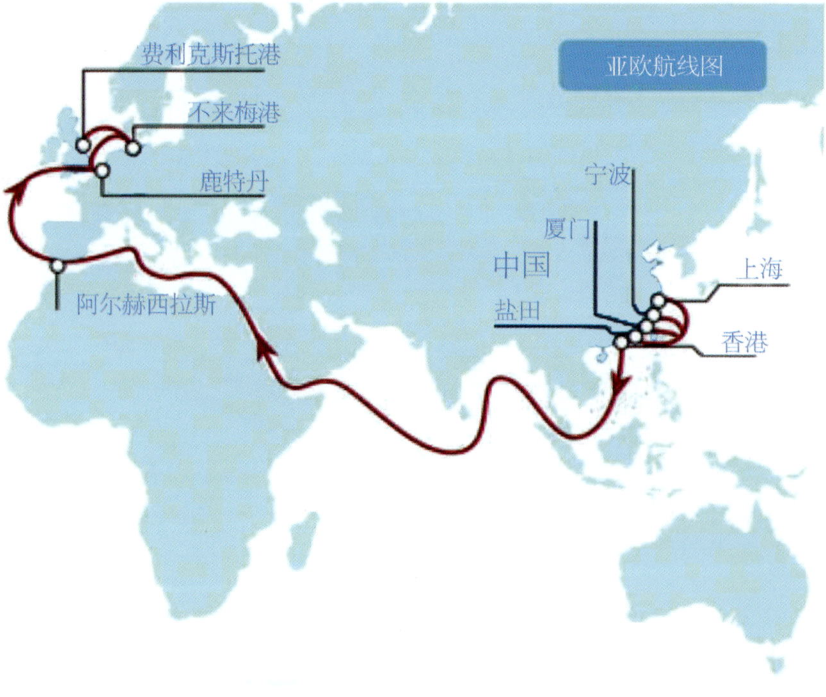

> 图284 欧亚航线图

中国集装箱船背后的设计团队

自国际金融危机爆发后，全球航运和造船市场经历了一场深刻的变革和调整，最典型的特征是技术更加先进的节能环保型船舶成为市场的“宠儿”。由于燃油价格持续上涨，全球运输市场竞争日趋激烈，千方百计降低船舶运营成本、提升单船集装箱运载量成为世界各大班轮公司的首要目标。随着集装箱船的大型化，使得集装箱船的环保性能越来越好。订造更多更好的超大型集装箱船，优化船队结构、提升竞争力成为各大航运公司的首要选择。

超大型集装箱船是世界公认的高技术、高难度、高附加值的船舶之一，长期以来国外造船企业凭借其研发和建造技术优势，垄断了10 000 TEU以上集装箱船这一高技术船舶领域。为了打破国外的技术垄断，中国集装箱船研发设计团队和国内骨干知名船厂开展多项课题研究，包括集装箱船系列化顶层技术研究、超大型集装箱船关键技术研究、20 000箱级集装箱船型开发、25 000箱级集装箱船型开发。

尤其是近年来，为顺应航运市场的变化，打造中国自主设计品牌，设计研发团

> 图285 18 000 TEU集装箱船

队成员按照国际海事新规则、新规范的要求，大力开发低油耗、低排放、环境友好、各项经济技术指标达到国际先进水平的绿色船型，并形成核心研发竞争力，研发设计了系列化超大型集装箱船船型。

勇于创新攻克难关

2013年，18 000 TEU集装箱船是当时国际上最大的超大型集装箱船，其设计难度可想而知，但中国集装箱研发设计团队迎难而上。如何拿出能够打动船东的船型，并按期、保质地将中国设计并建造的第一艘超大型集装箱船交付给船东，成为中国船舶工业成功迈入该领域的第一步。

为了证明中方的设计能力，在18 000 TEU集装箱船招投标前，船东曾对中方进行了一次“闭卷考试”，经过中方研发团队对方案的反复计算、比较、敏感性分析之后，攻克了超大型集装箱船的总体性能及总布置方案综合优化、结构评估和设计优化、大功率大直径轴系设计、集装箱货物堆装能效和大容量输配电系统架构设计等技术难关，尤其是成功解决了超大尺度带来的结构疲劳和船舶综合能效等难题，得出的结论与船东提供的外方设计数据竟然完全一致，从而取得了船东对中方研发团队能力的信任。该集装箱船的燃油效率比同类型其他船更具竞争力，得到国际知名班轮公司的高度认可。

> 图286 超大型集装箱船研发讨论会

执着奋斗的团队

如此超大型集装箱船的设计在中国是第一次，经验不足是设计团队需要克服的困难。为此，设计团队成员在极短时间内，就完成多个技术方案并进行全面比较，优中选优，获得船东的认可，转化为实船订单。

在详细设计阶段，面临技术难度大、设计周期压缩和设备资料缺乏的三重困难，设计团队成员齐心协力克服困难。

设计团队对查找的资料进行消化分析，并与船东、船厂、船检充分交流沟通。在主尺度的选取、总布置、装载、线型、多航速的多目标优化、重量重心的控制、货舱结构等方面进行大胆创新：采用超大直径低转速螺旋桨，配合全悬挂扭曲舵和舵球，有效提高了推进效率；采用双岛布置的形式，将驾驶室布置于前部，改善视线条件并增加了艏部装箱量，生活区与机舱区域分开，提高了生活区域的舒适性。

设计团队还从客户和经济效益出发，运用4E设计理念，船型采用多点优化，覆盖实际营运吃水和航速范围，不仅有较高的设计航速，就是在常用的中低速航速段也有很好的燃油经济性。4E集装箱船较之前一代集装箱船能有效减少10%的二氧化碳排放，平均承载每吨货物所产生的二氧化碳排放量约为8.8克/海里，成为全球最环保的运输工具之一。

每一代“巨无霸”新船的诞生，都意味着造船技术的创新和进步，而造船业的每一次技术创新和进步都是科技人员团结奋斗的结果。这些优化创新措施，为中国设计建造巨大型集装箱船打下扎实的基础。

研发设计具有自主知识产权的船型一直是国内船舶界的梦想。今天我们相继自主研发设计建造出了20 000箱、21 000箱和正在建造的23 000箱等性能指标先进的超大型集装箱船，梦想已然变成了现实，使中国在这一领域由“追随”变为“赶超”。

> 图287　中国船舶及海洋工程设计研究院设计团队

第5章 中国集装箱港口建设的发展

今天全世界90%的贸易依靠航运，高效的运输质量和低廉的运输成本，让航运成为现代物流中不可或缺的一部分。随着中国经济的高速发展，对外贸易突飞猛进，国际航运中心的重心也逐渐向中国转移。近年来，我国的集装箱吞吐量增速亮眼，集装箱船设计建造方面取得了跨越式的发展，集装箱港口建设更是蓬勃发展。

集装箱码头概况

集装箱码头是水陆联运的枢纽站，是集装箱货物的交接地。随着集装箱运量不断上升，集装箱船舶也随之越造越大。船舶大型化对各大集装箱枢纽港来说是一个挑战，即港口泊位的水深、陆上集疏的基础设施以及装卸桥的外伸距等能否与之相匹配。因此，世界上主要集装箱港口都在纷纷建设深水航道和泊位，不断扩建新港区，加快港口基础设施建设，以便更好地迎接高速发展的集装箱运输业所带来的机遇和挑战。因此，相对应的码头腹地越来越大，码头前沿水深也在不断加大，岸线泊位长度不断延长，自动化无人码头应运而生。

集装箱专用码头按其所处地理位置可以分为海港集装箱码头和河港集装箱码头。

海港集装箱码头既包含沿海岸线（包括岛屿海岸线）分布的港口集装箱码头，

> 图288　集装箱码头

如大连港、青岛港等的集装箱码头，也包含位于江、河入海处受潮汐影响的河口港集装箱码头，如营口港、福州港、广州港、上海港等集装箱码头。海港集装箱码头最大特点是水位受潮汐影响，潮位变化快，一般每次高潮位到低潮位持续时间只有1～2小时。

河港集装箱码头主要指沿江、河分布的港口集装箱码头，如南京港、武汉港等集装箱码头。其水位主要受季节影响，水位涨落差很大，水位变化较慢，随着汛期的到来会出现高水位，而低水位时将会出现枯水期。

集装箱码头功能

集装箱码头具有停靠相应集装箱船的能力，配有码头前沿装卸设备即岸边集装箱起重机，进行集装箱装卸作业。

从码头前沿到集装箱堆场配置一定数量的运输设备和通道，将集装箱从码头前沿运至集装箱堆场，或从集装箱堆场运至码头前沿。

集装箱堆场也配有适当的设备可进行集装箱搬运作业，并对集装箱进行堆存保管。

码头岸线和堆场

码头岸线提供来港装卸的集装箱船停靠系泊，因此要有足够的长度（300米以上）以满足船舶装卸和系泊安全的要求。为满足各种船舶吃水深度要求，岸边水深都应比较深（一般在15米以上）。根据装卸和搬运机械作业要求，码头岸线铺有岸边集装箱起重机轨道，每一集装箱专用泊位都配置两台岸边集装箱起重机（桥吊）。在码头前沿与集装箱堆场之间设有通道，用于集装箱运输设备的通行。

堆场是用于集装箱在装卸船前后临时堆放和交接的场所。在堆场，集装箱通常采取纵、横或人字形布置按不同规格和类别等进行堆放，箱与箱之间留有足够的间

> 图289　集装箱堆场

> 图290　配有高效率自动化装卸机械的集装箱码头

距和适当的通道。

集装箱码头是进行集装箱装卸操作全过程的场所，随着集装箱船日趋大型化，载箱量越来越多。为了提高装卸速度，以便集装箱船在码头尽快装卸离港，现代集装箱专用码头都配备了高效率自动化装卸机械。

运力发展迅猛

在中国漫长的海岸线上，无数的港口星罗棋布，它们每年向全球输送高达1.6亿吨的货物，昼夜不休。

中国的国际集装箱运输经历了从无到有，从小到大，从大到强的历程。1973年9月，“渤海一号”轮装载着8英尺和10英尺的小型集装箱由日本神户港驶抵天津港。1978年1月，捎带集装箱的杂货班轮，从上海首航抵达日本。同年9月26日“平乡城”号作为班轮，装载着162个集装箱首航中—澳航线。1981年1月1日，中国自行建造的第一座集装箱专用码头在天津港正式投产使用。2月，即开通中—美直达集装箱航线，当年完成集装箱吞吐量15.9万TEU。

截至1986年底，中远总公司已在美国、日本、澳大利亚等国家的16个港口开展国际集装箱装卸业务；开辟国际集装箱运输航线12条。1991年，中国拥有集装箱专用泊位23个，年国际集装箱海运量达229万TEU，全国港口国际集装箱吞吐量达217万TEU，海运货物42%达到集装箱化。同时开辟了集装箱班轮航线58条，遍及西欧、东南亚、北美、日本、澳大利亚、新西兰、波斯湾和地中海沿岸及中国香港地区，集装箱运输进入快速成长期。国内各省市也都开通了集装箱运输业务，各地区商贸往来日渐频繁。1997年全国拥有集装箱船舶1 080艘，30万TEU箱位，国际国内集装箱海运量达357万TEU，拥有专用集装箱泊位65个，全国港口集装箱吞吐量达1 077万TEU。

中国的集装箱吞吐量从起步至100万TEU花了16年，用8年时间增至1 000万TEU，之后10年集装箱吞吐量跃至1亿TEU，这样的发展速度实在惊人。

从2013年开始，中国连续六年全球出口量第一，成为世界公认的制造大国。但

> 图291　集装箱船港口

> 图292　繁忙的集装箱码头

这还只是一个开始，为了完成庞大的海上货运任务，中国在不断升级自己的运输团队。

2018年，中国港口完成集装箱吞吐量2.51亿TEU，比上年增长5.3%。在2018年全球港口排名中，中国十大港口入围全球排名前20，上海港以4 210万TEU的集装箱吞吐量稳居全球“老大”。宁波舟山港集装箱吞吐量首超2 635万TEU，闯进全球前三。

航线不断扩大

国际集装箱航线可粗分为两大类：主干航线和支线。

主干航线包括远东至北美航线，远东至欧洲，北美至欧洲或地中海、大洋洲、中东、中南美洲、非洲和印度等航线，其中前三条航线是三大主干航线，世界集装箱枢纽港大多在这三条航线上。也就是说，集装箱船三大主干线的两端都是集装箱枢纽港。随着集装箱船的大型化，运营航线日趋向主干航线集中。

目前中国的国际集装箱船干线涵盖了远东至北美航线；远东至欧洲、地中海航线；北美至欧洲、地中海航线；远东至澳大利亚、新西兰航线；澳大利亚、新西兰至北美航线；欧洲、地中海至西非、南非航线；亚洲至北欧航线；亚洲至地中海航线；美西航线；美东航线；跨大西洋航线；亚洲至中东、波湾、红海

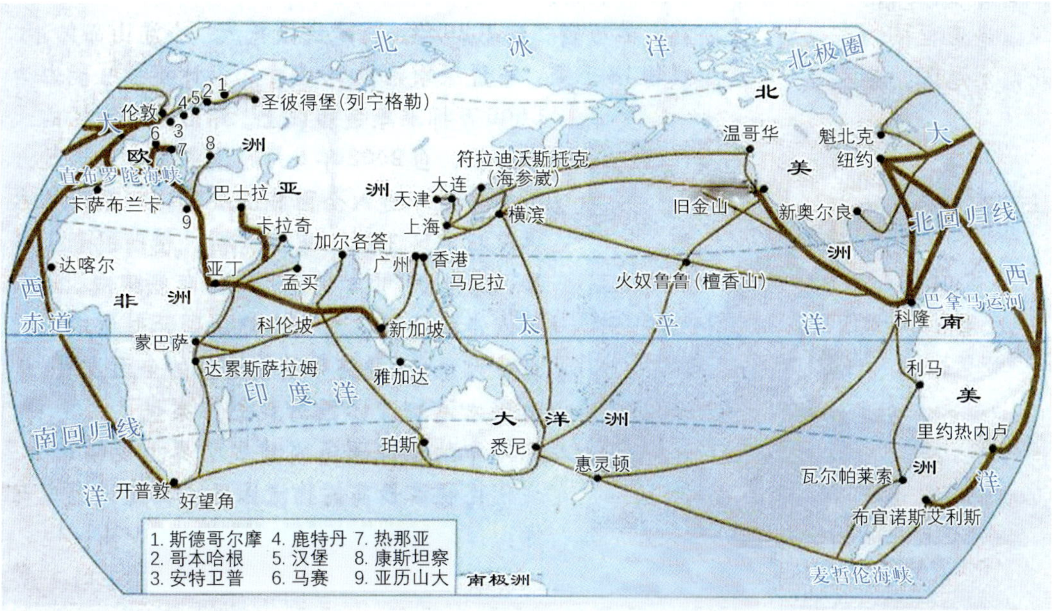

> 图293　中国集装箱船干线示意图

航线。

支线是内河或沿海等地港口之间的航线。一般中转的船，大多数货物是由支线船转上干线船，或是由干线船运到中转地，然后通过支线船运到内陆的点。例如中远航运的干线船，把货物从悉尼运到上海，然后在上海转船，通过内陆的支线船，把货物运到目的港武汉。

集装箱港口建设的腾飞

40年，对于历史来说只是挥手一瞬间，但对于中国港口集装箱运输来说，却是从零到几亿TEU的腾飞，这将成为中国港口发展史上的里程碑，标志着中

> 图294　集装箱桥吊

国正在迈向世界港口强国。

近年来，中国在港口机械制造和装卸工艺方面不断有新的突破，设计制造的双40英尺箱装卸桥和双小车装卸桥已覆盖全球几大主要集装箱码头，市场占有率达75%，可同时起吊3个40英尺箱装卸桥也在试运行，正式投产后将大大提高集装箱装卸率，大幅提升经济效益。

上海洋山港

在东海上，一座蜿蜒的大桥横跨杭州湾北部海域，这就是中国第一座外海跨海大桥——东海大桥，S型身段让它在32千米的路程中，尽可能少地受到洋流的正面冲击，在它连接的小洋山岛上坐落着一个世界级集装箱大港——洋山港。洋山港区附近的水域深达16米，即便是目前全球最大的集装箱船也能顺利靠港。每天有成千上万只集装箱在这里转运，而这个港区只是上海港口链条的一部分。上海港口的集装箱年吞吐量约占全球总量的十分之一。2018年，上海洋山港实现集装箱吞吐量4 210万TEU，增速为4.4%，连续几年摘得全球第一。

洋山港一手牵着长江经济带，一手挽起海上丝绸之路，是中国发展上海自贸区、建设海洋强国的重要支撑。洋山港于2002年6月开工建设，一期工程建造了5个深水泊位，集装箱年设计吞吐能力220万TEU；2005年12月10日开港运营，是中国最大的集装箱深水港。二期工程建造

> 图295　上海洋山港

小贴士

集装箱桥吊

集装箱船的港口装卸作业主要依靠码头桥吊，少数码头由于条件限制，没有安装桥吊，只能依靠船舶克令吊进行装卸作业，但是这种作业速度相对较慢，平均每小时只可吊运6 ~ 10只集装箱，而集装箱桥吊单吊能力就能达到每小时20 ~ 35只集装箱，双吊则每小时可以吊运50 ~ 60只集装箱，极大地提高了装卸效率。

集装箱桥吊根据横跨作业距离进行分类，主要有巴拿马型和超巴拿马型两种。巴拿马型桥吊最大外伸距离为35米左右，可以横跨13列集装箱，正好是一艘典型的4 000 TEU巴拿马型集装箱船的甲板列数。超巴拿马型桥吊外伸距离则达到60米左右，可横跨二十多列集装箱进行吊装作业。

了4个深水泊位，设计年吞吐能力210万TEU。三期工程建造7个深水泊位，设计年吞吐能力500万TEU。

2014年12月23日，洋山港四期工程正式开工建设。四期总用地面积223万平方米，码头前沿自然水深大部分为11～15米。整个工程建造5个5万吨级和2个7万吨级集装箱泊位，岸线长2 770米，设计年通过能力初期为400万TEU，远期可达630万TEU。

装卸工艺

洋山深水港是世界最大集装箱港区之一，每天都有数万只以上的集装箱经这里装船出海。面对如此庞大的工作量，洋山深水港是如何高效地完成集装箱配载装卸等一系列作业的呢？

洋山深水港的堆场大规模采用了上海振华港机的轮胎式龙门起重机，可以高效完成集装箱的堆放和配载工作，再经由集装箱挂车将它们运至岸边。

洋山深水港岸边装备了当今全世界上最大的岸壁式集装箱桥式起重机，它可以做到一次性吊起4个20英尺或2个40英尺的集装箱。有了这样庞大的机械设备即使

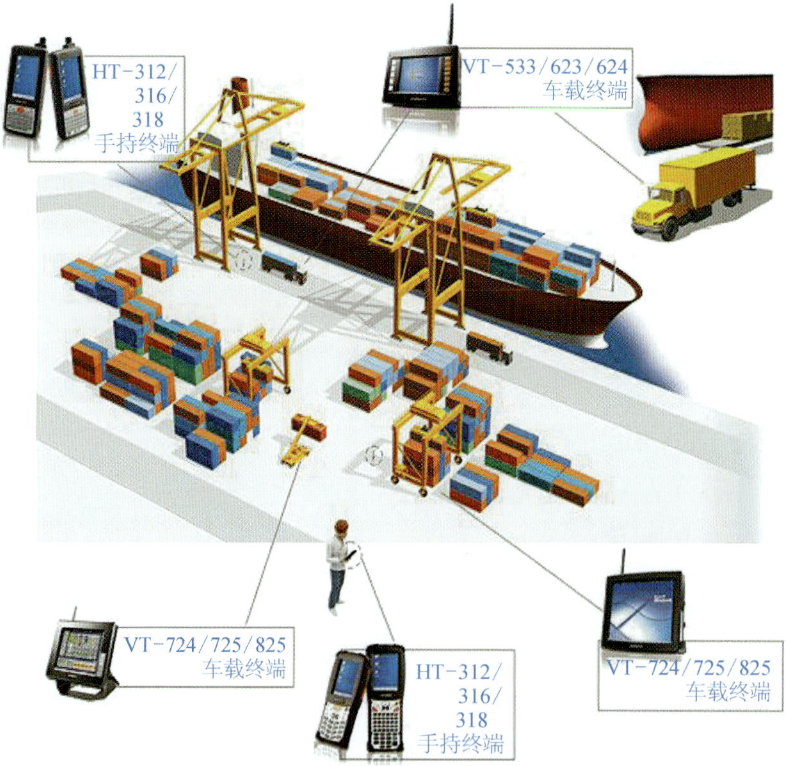

> 图296 码头自动化流程

图297　桥吊装载机

是一艘长400米、宽56米的18 000 TEU超大型集装箱船也能很快装卸完毕。如在400米长的船上安置14个桥吊，一次起吊两个40英尺的集装箱，也就是四个20英尺的集装箱，精确计算只需三分钟就可以完成了。例如：如果14台吊机，工作10小时，就可以装上11 200个集装箱，所以并不担心这种大船会给港口作业带来很大影响，反而越是这样的大船越是有助于提高洋山深水港超高效的运输效率。

无人码头

2017年12月10日，上海洋山港四期开港试运营，走进码头只见几千米的海岸线上矗立着一台台红色的桥吊装载机，依托先进的船型扫描系统，在作业过程中“游刃有余”，巨大的集装箱被它们轻轻地一抓就起来，依次放入自动导引运输车上，自动导引运输车在繁忙的码头穿梭自如，通过精密的定位将集装箱准确无误地运送到指定位置，再由轨道吊车整齐地码放在堆场上。整个过程没有人员操作。整个码头上竟然没见一个人影。而那些吊

图298　上海洋山港四期码头开港试运行

> 图299　上海洋山深水港四期全自动化码头

机、载重车辆也没有驾驶室，但都在有条不紊地自动运行着，这就是中国自行设计建造的具有完全知识产权的全球最大的全自动化无人码头。

这个自动化无人码头的“大脑”就是中国自主研发的智能生产管理控制系统和智能控制系统。

整个码头上最忙碌的要数蓝色自动导引运输车了，它犹如辛勤的工蜂在岸桥区与堆场之间自由穿梭。为规避碰撞，地面上每隔2米布设一个磁钉，整个码头宛如一张硕大的“棋盘”。自动导引运输车车顶上的天线通过布设在地面的磁钉来感知定位；智能程序可使自动导引运输车自定行车路

> 图300　上海洋山港四期吊起的第一箱

> 图301　操纵台

> 图302 自动导引运输车

线；一旦没电了，它就会自行去充电站充电，换一块电池只需6分钟，因此它可24小时不间断工作。

集装箱船装卸效率和作业能耗是衡量一个现代化港口的重要指标。洋山盛东码头是世界上最大的现代化集装箱单体码头，目前拥有13台最先进的双40英尺双起升桥吊。如世界上最大的集装箱船之一“美博马士基”号停靠在洋山港码头，盛东公司运用全球首创的双吊具边装边卸规模化作业方式，不到4小时就完成了2 172个标准箱的装卸业务，平均每台桥吊每小时的作业量达到135.75个TEU。凭借先进的硬件和过硬的技术，洋山盛东码头曾七次打破集装箱装卸世界纪录。

洋山港四期建成后，口岸通关效率进一步提高，同时对中国港口的创新、转型

> 图303 穿梭自如的自动导引运输车

> 图304 双吊具边装边卸规模化作业

和升级具有重大的现实意义。

2019年7月20日，世界最大的23 000 TEU集装箱船“地中海古尔松”号安全靠泊上海洋山深水港，从进港到出港只用了16小时，再次刷新了洋山港超大型集装箱靠泊的记录。

现在，上海洋山深水港已是具有20万吨级集装箱船舶靠泊能力的集装箱枢纽港，拥有世界上最大的自动化码头，海上中转辐射整个长江经济带，是“一带一路”的桥头堡。

厦门港

厦门港是中国与“一带一路”沿线国家、地区以及金砖国家经贸往来的重要通道，共有集装箱航线135条，通达五大洲所有重要港口。厦门港拥有20 000箱级集

> 图305 厦门港

装箱船泊位6个，可满足世界最大集装箱船全天候进出，集装箱年设计吞吐能力约1 000万TEU。

> 图306 第10 000 000标准集装箱起吊

2016年10月9日，厦门港集装箱智慧物流平台正式上线运行，该平台是基于互联网+、物联网、云平台等技术，整合服务领域的相关信息资源，实现设备交接单电子化、箱车智能调度、移动办公、闸口智能化运作、集装箱动态信息全方位共享等功能。集装箱通关时间由原来的90秒缩短为26秒，可减少作业人员2/3以上，运营成本大为减少。

2017年5月28日，厦门“智慧港”第一次迎来了当时全球最大的超大型集装箱船——21 000 TEU“东方香港”号。

> 图307 “东方香港”号靠泊厦门远海自动化码头

厦门港是“东方香港”号此次航程的第三站。远海码头被誉为新一代“魔鬼码头”，码头操作系统依据船舶信息，自动生成作业计划并下达指令，全部运营操作均由中央控制室计算机控制，是真正意义上的无人全自动化码头系统。厦门港成为全球首个无机械驱动作业设备的码头，经测算比传统码头节省能源25%以上，碳排量减少16%以上，真正成为精准高效、全智能、无污染、零排放的绿色环保码头。

2017年12月20日厦门港集装箱吞吐量一举突破1 000万TEU，35年的发展，使厦门港从支线区域小港成为国际强港。

2018年，完成1 070.23万TEU的吞吐量，同比增长了3.09%。

天津港

天津港位于渤海之滨，是世界级人工深水港，也是建设中的北方国际航运核心区，是中国北方地区的集装箱干线港。在天津港挂靠的有21世纪海上丝绸之路沿线的新加坡、印度、巴基斯坦、土耳其、南非等国家和地区的40多个港口及40多条集装箱班轮航线。2018年，天津港完成1 601万TEU的吞吐量，同比增长62%，增速大幅提升。

天津集装箱码头引入“人工智能”技术，开展“无人码头”建设。五洲国际码头从轨道桥自动化开始，逐步尝试岸桥、集装箱卡车无人化操作。码头建成后只需一名工作人员就可以同时操控6台轨道桥，使整个货场的作业效率比之前提高10%以上，人工成本节省80%以上，同时生产能耗稳步下降，是真正实现“无人操作”的智能码头。

天津港已与全球几大航运巨头建立了

> 图308　天津港集装箱码头

> 图309　“Madrid Maersk”号集装箱船靠泊天津港

> 图310 装载完毕的“中远海运宇宙”号集装箱船等待起航

良好的合作关系，如马士基航运、地中海航运、达飞航运、赫伯罗特、阳明海运、商船三井、川崎汽船、日本邮船、长荣航运等公司，每周来港作业船舶数10班次。

中国自主设计建造的、拥有完全自主知识产权的最大集装箱船21 237 TEU“中远海运宇宙”号首次抵达天津港，就在天津港太平洋国际集装箱码头完成一架空客A320飞机大部件和7 166 TEU集装箱的装卸作业后，起航驶向21世纪海上丝绸之路沿线国家和地区的港口，这标志着天津港已成为“一带一路”建设中的重要枢纽港。

青岛港

2017年5月11日，青岛港集装箱全自动化码头正式投入运营。码头岸线长2 088米，纵深784米，前沿水深20米，年设计集装箱通过能力为520万TEU，可停靠世界最大的20 000 TEU以上的集装箱船，首期2个泊位投入运营。码头配备7台远程操控双小车岸桥、38台全锂电池带顶升功

> 图311 青岛港全自动化码头可以在黑夜中完成作业

能的自动化导引小车（L–AGV）、38台自动化轨道吊及1台调箱门固定吊。

因建设难度大、成本高、收益慢，自动化码头被称为“贵族码头”。目前，自动化码头的单机平均作业效率约为20自然箱/时，传统人工码头为2.5～2.8自然箱/时，而青岛港单机平均作业效率达到39.6自然箱/时，一举创下了码头吉尼斯世界纪录。

从2017年5月11日至2018年5月10日，青岛港无人码头已完成船舶装卸作业663艘次，完成集装箱吞吐量79.48万TEU，平均作业效率从26自然箱/时提升到35自然箱/时，船舶准班率达100%。2018年，青岛港完成1 932万TEU的吞吐量，同比增长5.5%。

> 图312 青岛港集装箱全自动化码头正在作业

宁波舟山港

宁波舟山港地处“一带一路”和长江经济带的交汇点，是海上丝绸之路的始发港之一。

宁波舟山港拥有250条集装箱船航线，通航全球100多个国家及地区的600多个港口。2017年，集装箱装卸量突破2 460万TEU，居世界第四；全年货物吞吐量首次突破10亿吨大关，连续九年问鼎全球第一。2018年，集装箱吞吐量超过2 635万TEU，增速为7%。

为适应大船靠泊需求，宁波舟山港不断进行码头泊位、设施升级改造。北仑

> 图314 2017年货物吞吐量首次突破10亿吨大关

> 图313 宁波舟山港

小贴士

自然箱

自然箱是统计集装箱数量时用的一种术语，也称实物箱。自然箱是不进行换算的实物箱，即不论是40英尺集装箱、30英尺集装箱，还是20英尺集装箱，或是10英尺集装箱，均作为一个集装箱统计。

港区新添10万吨级集装箱专用泊位一个，穿山港区增添7万吨级集装箱专用泊位一个。穿山港区、大榭港区等多个港区都已具备挂靠全球最大集装箱船的作业能力。2017年5月24日“东方香港”号集装箱船首航顺利靠泊第二站——宁波舟山港穿山港区集装箱码头。近些年，“马士基·迈克-凯尼·穆勒”号、“中海环球”号、“地中海奥斯卡”号等巨型集装箱船均靠泊过宁波舟山港，个头也逐年升级。宁波舟山港已成为全球超大型船首航必靠的港口。

> 图315 “地中海奥斯卡”号靠泊宁波港

集装箱码头向自动化、智能化方向发展

在互联网大数据时代，电子化、信息化已经涵盖到社会各个领域，已经普及到日常生活中。港口作为“一带一路”倡议的重要窗口，集装箱码头自动化必将是未来港口重点发展的方向。

随着我国“一带一路”建设的大力推进，自动化集装箱码头的建设开始进入发展的快车道，各种新技术、新工艺正在逐步得到应用。

2014年厦门港对远海码头进行改造，2016年6月建成了国内第一个全自动化集装箱码头并投入运营。

2015年，青岛港、上海港先后规划建设自动化集装箱码头。

2017年12月，上海洋山港四期码头开港运营，成为世界规模最大、技术最先进的自动化码头。

目前，天津港和深圳港等都在积极建设自动化集装箱码头。

为全力加快“智慧港口”建设，积极推进港口装备智能化、物流服务电商化、办公管控协同化，青岛港加快建设自动化码头二期工程，推进集装箱、干散货、液体散货等传统码头自动化改造，打造成为全球最智慧、最先进、拥有完全自主知识产权的“智慧港口”。

2018年全球前20大集装箱港口吞吐量排名，中国港口占据半壁江山：分别是上海港（第一）、宁波-舟山港（第三）、深圳港（第四）、广州港（第五）、香港港（第七）、青岛港（第八）、天津港（第十）、厦门港（第十五）以及大连港（第十七）。

第 6 章

集装箱船的发展趋势

随着大数据时代的到来，越来越多的数字技术在船舶领域中应用，大数据时代的船舶行业中，智能船、无人船、超级环保绿色船等新型船舶都“智”在必得。

智能船

会报信的集装箱船

法国达飞轮船集团的18 000 TEU “CMACGM Bougainville”号成为全球首艘配有内置集装箱跟踪设备（TRAXENS）技术的集装箱船，这项技术可以使集装箱成为智能连接的对象，并引入多式联运系统。

通过TRAXENS系统，可使船上的集装箱实现智能化，不仅可以进行箱与箱之间、集装箱与船舶上通信设施之间的交流，还可以通过内置天线收集的数据如船舶位置、温度、湿度、振动、冲击、未遂盗窃、通关等向达飞轮船马赛总部发送信息。此外，在运输冷藏易腐货物中，可以远程控制和调节冷藏集装箱的温度，并对其进行常规检查和优化。

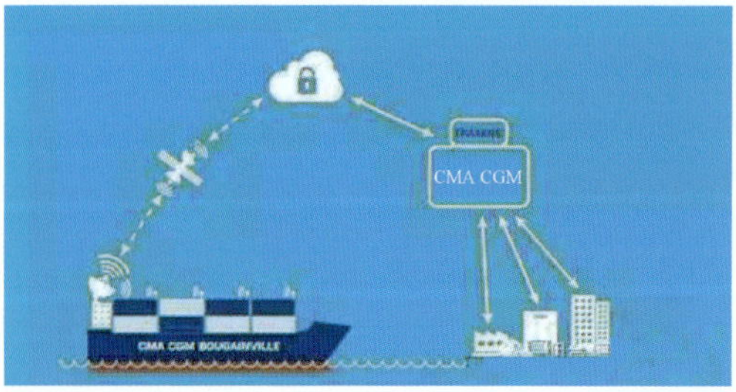

> 图316　智能船

纯电动自行航行船

48 TEU智能新能源集装箱船采用纯电池动力、无轴轮缘驱动推进、船舶自主航行控制技术，零排放、无污染、低噪声，既安全又环保。

该船在湖州安吉上港码头至上海共青码头的航线上运行，全程249千米。一艘传统动力48 TEU集装箱船往返一个航次的柴油能耗为1 824升，而智能新能源集装箱船满载往返一航次所需能耗为7 208度电。按照目前柴油5.5元/升、电价0.7元/度计算，智能纯电动船舶与传统船舶相比，要减少近50%的能耗成本。

> 图317　48 TEU纯电动内河集装箱船

I-Ship超大型集装箱船

2017年12月22日，14 500 TEU "COSCO SHIPPING KILIMANJARO"号集装箱船顺利交付使用，该船是全球首艘获得中国船级社（CCS）智能船舶标志i-ship的超大型集装箱船，也就是说这艘十几万吨的庞然大物在苍茫大海上行驶时，已初步具备思考能力，可对自动采集的船舶航行状态、能耗状况等数据进行评估分析和技术优化，为船舶提供决策建议。

14 500 TEU集装箱船总长366米，型宽51.2米，型深30.2米，设计吃水深度14.0米，有9个货舱，舱内可堆放18列11层集装箱，甲板上可堆放20列10层集装箱，全船最大载箱量达14 568 TEU。

随着后期航速优化、基于纵倾优化的最佳配载等方案的功能升级，可实现船舶能效实时监控、智能评估及优化，使船舶能效管理、节能减排能力更强，规模经济效益更可观。

> 图318　14 500 TEU集装箱船

马士基3 600 TEU冰级集装箱船

马士基公司在其新建造的一艘Winter Palace冰级集装箱船上安装计算机视觉、激光雷达和感知软件，成为世界上第一家在集装箱船上试验人工智能动力感知和态势感知技术的公司。人工智能动力感知和态势感知技术是无人船的核心技术，它是利用传感器收集船舶周围的环境信息，识别和跟踪潜在的冲突，并在操舵室内显示收集到的信息，帮助海员消除来自船桥的视线限制，为未来的自动避碰系统提供研究基础。

“Venta Maersk”号总长200米，型宽35.2米，型深18.1米，可装载3 600 TEU集装箱。该船属于“冰级”货船，适用于冬季和低于零下25摄氏度的运行环境中运营，使用低硫燃料，符合波罗的海和俄罗斯北方航道排放控制区的排放要求，也是目前世界上最大的冰级集装箱船之一。

“Venta Maersk”号集装箱船于2018年7月交付使用。此次试航，船上装有冰冻鱼类、冷藏食品及其他普通商品货物，从俄罗斯远东城市符拉迪沃斯托克出发，途经北极航道，驶向圣彼得堡。北极航道此前曾有运输石油和天然气的船只经过，但是对于集装箱船来说还是史上首次。

> 图319　3 600 TEU冰级集装箱船

无人船

如今是科技改变生活的年代，各行各业都在进行着自动化、无人化的探索。继无人驾驶汽车、无人驾驶公交之后，航运界也开始加入“无人化”战局。

全球最大的矿物化肥生产商Yara每年有4万趟陆上货运往返于挪威的两个港口之间，期间要经过狭长的人口密集地带，给当地人造成不小的交通压力和空气污染。为此，Yara提出了更加环保、高效的海上运输计划，牵手联合科技公司Kongsbeng打造世界上第一艘全电力推动的无人驾驶集装箱船“Yara Birkeland”号。

该船总长80米，宽15米，能够装载120 TEU，正常航速6节。她主要利用全球卫星定位系统和船上装载的定位系统、雷达传感器完成全自动离港、靠港以及海上航行任务，从而实现无人驾驶。

这样一艘船造价大约在2 500万美元，约合人民币1.8亿元，比同等大小的普通货船贵2倍左右。但是由于不耗费燃料，人力投入少，每年能够减少最多90%的营运成本，目前来看还是比较有前景的。

该船前期安排人员在船上监控操作，2019年转为遥控操作，预计2020年实现完全自主航行。

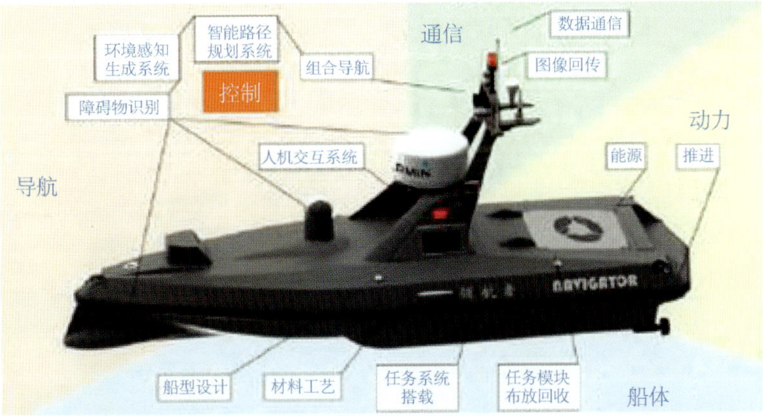

> 图320 无人船系统组成

> 图321 首艘全电动无人驾驶集装箱船——“Yara Birkeland”号模型

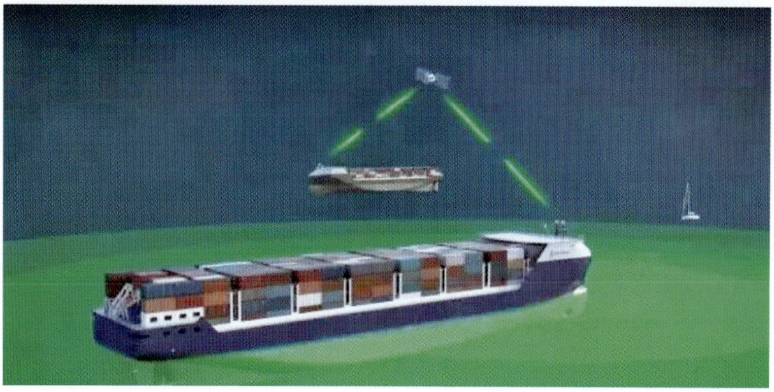

> 图322 无人驾驶集装箱船

绿色船舶——LNG动力船

液化天然气（LNG）有着“未来燃料”的美誉，为了满足日益严格的船舶排放法规，船舶采用LNG作为燃料是最佳选择之一。LNG船舶发动机较柴油机更加经济耐用，以液化气—柴油双动力船舶为例，双动力发动机寿命一般为70万小时，假设船舶全天候营运，折合寿命约79.9年，远长于一般船舶的使用寿命，而且使用LNG作为燃料能减少氮氧化物排放近

> 图323 LNG动力集装箱船

90%，减少二氧化碳排放量25%～30%，硫氧化物和颗粒物排放则几乎可以忽略不计。正是LNG具有良好的环保性能，世界各国均大力发展LNG动力船舶。

9 000 TEU LNG动力集装箱船

川崎重工造船厂建造的9 000 TEU集装箱船总长308米，型宽48米，吃水深度14.5米，为双岛设计。该船由一台电控、低速二冲程、双燃料主机推进。船上的B型LNG储罐采用川崎面板系统（一种特殊的隔热技术），以减少LNG的蒸发。与常用的圆筒C型压力储罐不同，B型储罐位于上层建筑之下船舯部，能更好地利用空间。B型LNG储罐不仅可连续产生蒸发汽化LNG，而且在港口还能为辅助设备提供动力。船上还配备了废气再循环装置，以满足国际海事组织（IMO）Tier3排放要求。

图324　B型LNG储罐剖面图

20 000 TEU LNG动力集装箱船

日前，达飞轮船公司应用“机舱高效自动化集装箱船（PERFECt）”设计理念设计的20 000 TEU集装箱船将采用薄膜型燃料舱，该燃料舱可携带10 960立方米LNG燃料，足以满足欧亚航线上班轮对燃料的需求，解决了气体燃料动力装置对续航力的影响，因而更适合远洋运输船舶。

PERFECt采用类似电力推进的主推进系统，通过一种蒸气轮机与燃气轮机联合动力装置（COGAS）组成的原动机组驱动发电机向中央电站供电。而薄膜型LNG维

图325　20 000 TEU LNG动力集装箱船

护系统因体积小，占用空间少，布置更为灵活，更具优势。

PERFECt采用三台电动机联合驱动推进轴系的布置方式，相比单一动力装置推进冗余度更大，尤其是船舶低速操纵性更好，可以根据需求调整航速，具有良好的航行安全性，同时也省去了港口拖轮费用，减少了运营成本。

构建“虚拟管道”，LNG罐式集装箱海陆联运

日前，装载着10个LNG罐式集装箱的“集发黄海”轮在日照港石臼港区集装箱码头顺利卸泊。这是国内首次大批量重载LNG罐式集装箱的海陆联运，此举为我国天然气能源供应提供了全新的物流配送方案。

目前广泛使用的运输船+大型LNG接收站运输模式，门槛高、投资大、周期长。采取集装箱方式运输LNG，突破了常

> 图327 LNG罐式集装箱

> 图326 装载着10个LNG罐式集装箱的“集发黄海”轮

规LNG运输瓶颈，通过内河、铁路、陆路建立的LNG罐式集装箱运输方式将使LNG更高效、更快速地分拨出去。

LNG罐集装箱多式联运模式首次实现商业运营，打破原有以管道为主的运输模式，开启了国内绿色能源供给新时代。

> 图328　LNG罐式集装箱吊运

创新船

带舷侧浮体的集装箱船

根据欧洲内河交通运输的需要，瓦锡兰公司研发出了一型既高效又满足环保要求的PROA型集装箱船。

该型船体由一个细长的船体和浮体组成，细长的船体可以减小阻力，提高航速。舷侧的浮体能够提供所需的浮力，提高稳性，还可装载集装箱。与普通集装箱船相比，PROA型集装箱船航速21节时可以减小12%的阻力，23节时可以减小25%的阻力。

PROA型集装箱船总长227米，船宽40米（主船体宽23米），服务航速21节，装载量1 800 TEU。集装箱采用敞开式堆放，一部分堆放在主船体上，一部分堆放

小贴士

什么是LNG罐式集装箱？

LNG罐式集装箱，属于三类压力容器，主要用于运输和存储低温LNG，采用专用的装卸货口进行装卸作业。其整体结构是将高真空多层绝热低温液体储罐安置于国际标准集装箱框架内，储罐本体设计时被视为“刚性梁”，配有安全阀、三通切换阀、泄压装置、气动紧急切断装置等。储罐的各种阀门、仪表及安全附件集中布置在储罐的一端，以便于管理与操作。

LNG罐式集装箱采用国际通行的集装箱标准外形尺寸，便于堆码排列，又大幅度减轻了集装箱的非有效重量，同时保护放置在其中的低温液体贮罐的安全。

图329 带舷侧浮体的集装箱船

在浮体上，最多可以布置10列，甲板上可以布置3层集装箱。

为满足IMO的有关规定和排放控制区对环保的要求，该船采用了1台双燃料主机，既可以使用LNG、HFO，又可用柴油作燃料。此外，船上还安装了3台双燃料发电机和2个小型燃料电池模块，大大减少了氮氧化物和硫化物的排放量，为绿色船舶。

五体集装箱船

瑞士Norasoa Servicea SA公司为了解决集装箱船的航速和油耗问题，在经过大量的试验后决定采用FFB型五体船结构，即1个细长主体加2对浮体。

该船总长217.1米，垂线间长198.74米，型宽26.66米，型深21.95米，设计吃水深度8.7米，最大载重量14 190吨，服务航速25节，续航力6 000海里，定员25人，装载量为1 387 TEU，备有300个冷藏集装箱插座。航速在25节时载重量能够达到10 000吨，装机功率不超过20 000千瓦。

为了减小阻力和提高功率，FFB型船不设计船龙骨，而采用高强度钢和单桨推进并安装轻型主机来降低船体重量。

FFB船的最大特色是其较高的燃油效率，比常规船提高30%。

X型船艏集装箱船

X型船艏集装箱船具有适应恶劣气候的良好性能，耐波性较佳，适合在北欧地区进行贸易运输。这是Ulstein集团开发的X型船艏船舶成功应用于海洋工程领域后，又

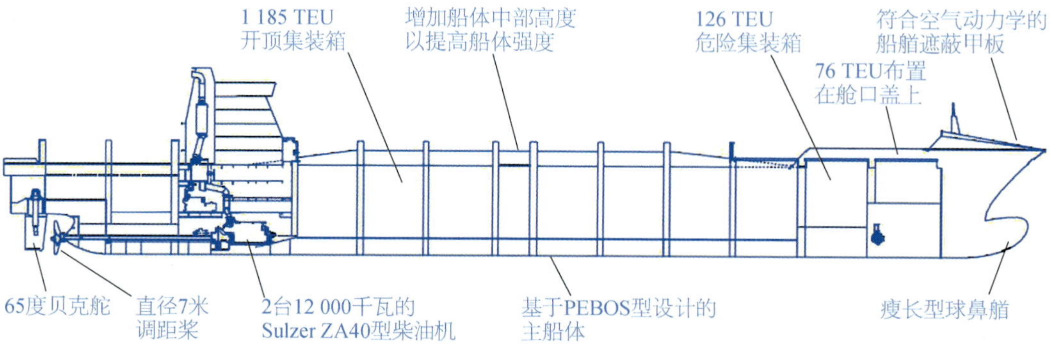

图330 五体集装箱船概念设计图

创新将该船型应用于650 TEU、1 200 TEU、1 800 TEU等小型集装箱船上。

该船总长150.97米，垂线间长141.61米，型宽23.50米，设计吃水深度8.45米，载重量13 800吨，服务航速18.2节，可装载1 258 TEU集装箱，货舱内布置6列40英尺的集装箱，甲板上布置9列40英尺集装箱。

推进装置为1只调距螺旋桨，转速为117转/分，1台850千瓦的舷侧电动推进器。动力装置为1台MAN B&W 6S50 ME-B9型柴油机，转速为117转/分时功率为10 680千瓦；2台1 280千瓦的发电机，1台1 400千瓦的轴带发电机。

X型船艏外形类似鸡蛋，结构强度较大，因此在恶劣环境中能更好地保护甲板上的货物。

此外，X型船艏集装箱船的船员居住舱室布置较靠前，远离机舱，可降低振动和噪声，给船员提供一个舒适的生活环境。

在北大西洋一年的航行中，以1 200 TEU集装箱船为例，X型船艏集装箱船能比普通集装箱船平均多航行2周，一年可以节省燃油费3 000～4 000美元。

超环保集装箱船

超环保集装箱船——“Super Eco Ship 2030”号是由日本邮船下属的MTI公司、意大利Garroni Progetti船舶设计公司、芬兰Elomatic船舶技术咨询公司共同开发设计的。

“Super Eco Ship 2030”号集装箱船的设计完全颠覆了传统集装箱船的设计，上甲板不再装载货物，而是堆放在上下两层的货舱内。上层货舱采用卷帘式自动盖覆盖，利用岸上起重机装卸货物；下层货舱内设置了多套内置式的装卸系统，通过船舷侧窗口装卸。

> 图331　X型船艏集装箱船

"Super Eco Ship 2030"号集装箱船总长352.0米，垂线间长343.0米，水线宽43.0米，最大船宽54.6米，载重量70 000吨，载箱量8 000 TEU，其中下层货舱装载4 470 TEU、上层货船装载3 530 TEU，包括冷藏集装箱500 TEU。

该船的主动力装置采用LNG燃料电池和太阳能电池混合装置，功率为40 000千瓦，仅为普通的集装箱船64 000千瓦柴油机功率的62.5%。为降低对推进功率的要求，设计中尽可能减轻船体重量和船体阻力。船上安装的风帆面积为4 000平方米，太阳能电池面积为21 000平方米，可获取1 000～3 000千瓦的风能和最多2 000千瓦的太阳能，大大降低了二氧化碳的排放。该船在每海里的航行中二氧化碳排放量约为62克/TEU，而目前集装箱船的二氧化碳排放量为195克/TEU。

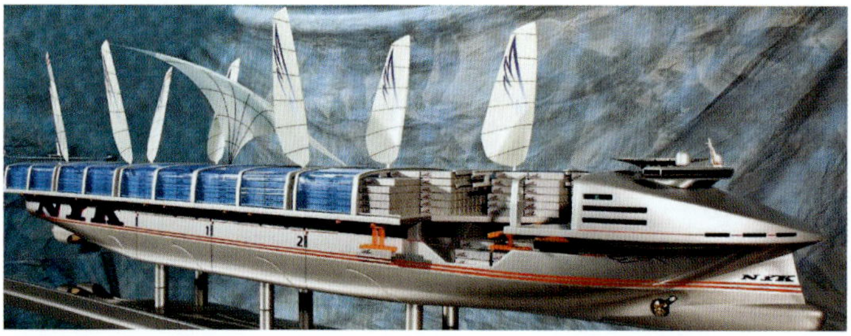

> 图332　超环保集装箱船

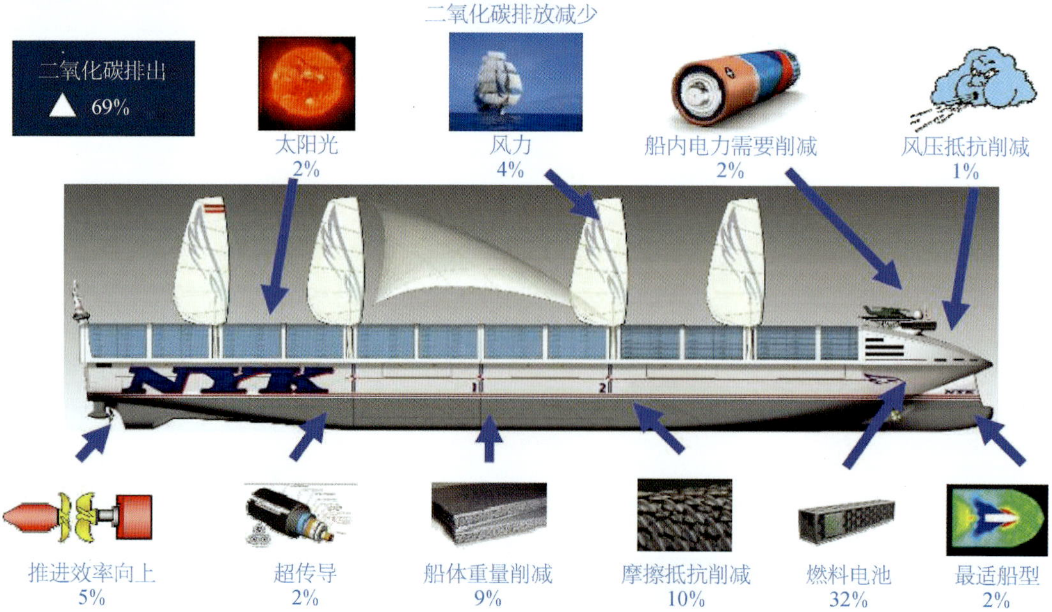

> 图333　超环保集装箱船构想图

未来集装箱船会有多大

衡量集装箱船大小的不只是尺寸、吨位、排水量这些参数，还有船舶装载集装箱的数量。船舶进入20 000 TEU时代，大型化已经成为船舶发展的主要趋势。从航运时间、人工成本、燃料消耗等因素来看，在同一航线上，18 000 TEU超大型集装箱船的成本要比10 000 TEU集装箱船低约15%。大型船舶具有优质的节能环保性能及较强的货物装载能力，船舶尺度越大，单位货物运输成本也就越低。这样明显的规模经济效应，也正是近年来航运公司不断投入重金建造超大型集装箱船的主要原因。

未来的集装箱船舶会有多大呢？根据干散货船和油船的载重吨来为未来的集装箱船发展趋势做一个简单的预测：目前最大的油轮基本约在380 000吨，干散货船最大的是淡水河谷的400 000吨级，按照最大运营400 000吨级来计算，由于集装箱船的装卸要求，集装箱载重吨应该比干散货船和油轮小，那么未来最大集装箱船在32 000 TEU左右也是有可能的。

目前，23 000 TEU集装箱船已经建造，24 000 TEU集装箱船也很快会实现，集装箱船的概念设计目前已经可以达到25 000 TEU了，集装箱船舶大型化还在继续。

参考文献

1. ［美］马克·莱文森（Marc Levinson）.集装箱改变世界［M］.姜文波，译.北京：机械工业出版社，2013.
2. 陈小剑，杨樵.船舶货物布置与系固［M］.上海：上海交通大学出版社，2011.
3. 陆悦铭.集装箱运输的前世今生［N］.中国水运报，2017-9-3.
4. 俞宝均.大型集装箱船的技术现状和发展趋势［J］.船舶与海洋工程，1998（1）：48-53.
5. 辛吉诚.未来大型集装箱船发展趋势［J］.中国船检，2015（2）：92-95.
6. 付昌辉.集装箱船运输市场的现状和发展趋势［J］.中国港口，2005（5）：19-20.
7. 张敏，郭士铭.跻身全球超大型集装箱船建造“俱乐部”［N］.中国船舶报，2017-10-13.
8. 赵根龙.韩国现代重工建造的8 200 TEU集装箱船［J］.沪东中华技术情报，2004（4）：2-6.
9. 中国船舶及海洋工程设计研究院民船部.18 000标准箱超大型集装箱船［J］.船舶，2015.26（5）：135-136.
10. Klaas Van Dokkum. Ship Knowledge.［M］. 8th ed. Amsterdam: Dokmar Maritime Publishers BV, 2013.
11. 张富明，王英.船舶的横倾平衡系统［J］.船舶，1997（4）：21-25.
12. 赵文利，陈新.船舶6 600 V中压电力系统及其安全操作［J］.航海技术，2010（1）：53-56.
13. 林伟国，王立新.综合舰桥系统综述［J］.船舶，2007（4）：1-5.
14. 刘俊.集装箱船可以造多大［N］.航运交易公报，2015-3-11.
15. 金永兴，胡雄，施朝健.集装箱船舶结构状态监测与评估系统［J］.上海海事大学学报，2008，29（3）：1-4.
16. 秦琦.集装箱船型的创新设计［J］.中国船检，2011（2）：43-45.
17. 张迪恩.世界最大集装箱船，上海研发建造［N］.解放日报，2018-7-26.
18. 中国船舶工业集团总公司.船舶设计手册［M］.北京：国防工业出版社，1998.
19. 佚名.马士基开启3E集装箱船时代［N/OL］.（2015-06-06）. http://www.unvis.cn./news2_2008_693436.html.
20. 宁波舟山港集团.带你认识世界最大集装箱［OL］.（2014.12.10）. http://blog.

sina.com.cn/s/blog_1302e3be50102v9zz.html.

21. 宁波舟山港集团.集装箱船船型发展史［OL］.（2014.10.13）. http://blog.sina.com.cn/s/blog_1302e3be50102v5mh.html.

22. 宁波海事.说说集装箱的固定与配载［OL］.（2017.02.12）. http://www.sohu.com/a/126064965_467299.

23. Litianhe.我国最大集装箱船（上）［OL］.（2017.06.10）. http://360doc.com/content/17/0610/22/11448416_661728458.shtml.

24. Litianhe.我国最大集装箱船（下）［OL］.（2017.06.10）. http://360doc.com/content/17/0610/22/11448416_661728416.shtml.

后记

新中国成立以来，我国舰船与海洋工程装备从小到大，由弱变强，实现了跨越式发展，为捍卫我国海疆和保障国民经济的发展作出了巨大贡献。为了使广大青少年和公众读者了解到我国舰船研制的艰难历程和取得的成就，中国船舶及海洋工程设计研究院、上海市船舶与海洋工程学会、上海交通大学及上海科学技术出版社携手，编纂出版“国之重器——舰船科普丛书”，向中华人民共和国建国70周年献礼。

此套丛书编写得到曾恒一院士、潘镜芙院士以及80多位舰船及海洋工程研发设计专家的响应和支持，为其顺利出版奠定了基础。丛书编纂中，注重原创，努力将科学性、权威性、严谨性贯穿始终，把技术性、知识性、趣味性融于一体，把舰与船的专业知识从学术殿堂驶达青少年和公众读者的心田。

上海市船舶与海洋工程学会理事长邢文华、中国船舶及海洋工程设计研究院党委书记卢霖、江南造船（集团）有限责任公司董事长林鸥、沪东中华造船（集团）有限公司纪委书记胡敬东等领导对这套丛书的编撰出版予以多方支持和鼓励，并明确指示：该丛书的编撰是一项系统工程，要求高、时间紧、工作量大，要发挥科技人员的参与意识和普及“国之重器”科学知识的积极性，努力把丛书编好，使它成为一部向广大青少年和公众读者科学普及舰船知识，弘扬海洋文化，开展国防教育的好丛书。

100多位从事舰船及海洋工程科研、设计、建造的专家和老、中、青三代科技工作者参与了丛书的编写。撰写者大多是肩负科研任务的一线科研工作者，只能利用业余时间进行编写；他们不是专业的科普作者，但要完成从建造者到教育者、从设计员到讲解员的角色转换；学术著作可以精尖高深，科普文章却要浅显易懂，要像对学生上课一样，心口相传，绘声绘色，这对他们而言绝非易事。但面对困难，他们不曾退缩。在大家的心中，参与丛书编撰不仅是对投身舰船科研、设计、建造实践的重塑，更是为了中国造船事业后继有人、薪火相传。从领受编撰任务的那一天起，他们酝酿推敲、遴选谋篇、不辞辛劳、不舍昼夜，把对科学的爱、对祖国的情凝练成书香墨宝。

历经2年，这部丛书终于与读者见面了。从书的编撰得到众多单位支持，并成立丛书专家委员会，严格遵循资料汇总、提纲拟制、内容撰写、审查把关、全稿统筹的编纂规律，先后多次召开书稿初审会、复审会和终审会，确保内容准确、权威。

因此，“国之重器——舰船科普丛书”具有以下特点：

一是广泛性。丛书涵盖了当今世界主要舰（船）种，内容包括舰船的诞生、发展历程、关键系统设备和发展前景等，是目前已出版舰船科普丛书中较齐全、较系统的一套科普丛书。

二是原创性。目前市场上有关舰船方面的科普图书屡见不鲜，但引进的多，原创的少，而这套丛书立足于国内舰船研制历程，经过精心策划，历经2年的努力原创而成。

三是权威性。丛书由中国船舶及海洋工程设计研究院、上海市船舶与海洋工程学会和上海交通大学主编，联合江南造船（集团）有限责任公司、沪东中华造船（集团）有限公司、上海外高桥造船有限公司、中国海洋石油集团有限公司等单位，还成立了由曾恒一院士、潘镜芙院士领衔的专家委员会对丛书内容进行专业技术上的把关，保证了此书的科学性和权威性。

四是充满情怀。习近平总书记指出：科技创新、科学普及是实现国家创新发展的两翼，要把科学普及放在与科技创新同等重要的位置。丛书正是基于这一精神向全民，特别是青少年介绍舰船科技知识，弘扬科学精神，传播科学思想和科学方法，激发爱国热情，使全民关心、热爱、支持国防建设和舰船事业的发展，为实现强军梦、强国梦尽一份心力。

五是集体创作。老、中、青100多位科技工作者参加丛书编撰，每分册从提纲到初稿、定稿，均经众人讨论、修改，所以说丛书是集体创作的成果。

本书在编写过程中得到专家刘建峰、王彩莲和秦琪、周德国、李丹丹等同志的大力支持和帮助，他们为本书提供了资料和照片，在此表示衷心的感谢。

丛书编写过程中参考了一些书籍和报刊，引用了一些观点和图片，在此表示诚挚的谢意。

在丛书出版发行之际，向各位专家、全体编撰人员，以及关心、支持丛书编撰出版的有关单位和个人表示崇高的敬意。

对于书中不妥之处，希望广大读者予以指正。

张　毅

2018年8月

国之重器——舰船科普丛书

出版工作委员会

本书内容由中国船舶及海洋工程设计研究院审定。本书所使用的图片由中国船舶及海洋工程设计研究院、上海市船舶与海洋工程学会、上海交通大学、江南造船（集团）有限责任公司、沪东中华造船（集团）有限公司、上海外高桥造船有限公司、中国海洋石油集团有限公司、中船重工第七一四研究所、少年儿童出版社等提供。

纪90年代
00 TEU)
21世纪初
(8 000+TEU)
(10 000+TEU)
2012年
(16 000+TEU)
CHINA SHIPPING LINE

装箱船

20世纪60年代
(750 TEU)

20世纪70年代
(1 500 TEU)

20世纪80年代
(3 000 TEU)

20世纪80年代后期
(4 500 TEU)